健康要素与管控

主编 王 放

清华大学出版社
北京

本书封面贴有清华大学出版社防伪标签,无标签者不得销售。

版权所有,侵权必究。举报:010-62782989,beiqinquan@tup.tsinghua.edu.cn。

图书在版编目(CIP)数据

健康要素与管控/王放主编.—北京:清华大学出版社,2022.9
ISBN 978-7-302-61839-3

Ⅰ.①健… Ⅱ.①王… Ⅲ.①健康教育—高等学校—教材 Ⅳ.① G647.9

中国版本图书馆 CIP 数据核字(2022)第 172497 号

责任编辑:孙　宇
封面设计:吴　晋
责任校对:李建庄
责任印制:朱雨萌

出版发行:清华大学出版社
　　　　网　　址:http://www.tup.com.cn,http://www.wqbook.com
　　　　地　　址:北京清华大学学研大厦 A 座　　邮　　编:100084
　　　　社 总 机:010-83470000　　邮　　购:010-62786544
　　　　投稿与读者服务:010-62776969,c-service@tup.tsinghua.edu.cn
　　　　质量反馈:010-62772015,zhiliang@tup.tsinghua.edu.cn
印 装 者:三河市君旺印务有限公司
经　　销:全国新华书店
开　　本:185mm×260mm　　印　张:11.25　　字　数:191 千字
版　　次:2022 年 10 月第 1 版　　印　次:2022 年 10 月第 1 次印刷
定　　价:64.80 元

产品编号:095289-01

编委会

主　审　于永利

主　编　王　放

副主编　杨　巍　张　灵

编　委（按姓氏笔划排序）

　　　　于永利　王　放　乔　萍

　　　　孙　巍　李　冬　杨　青

　　　　杨　明　杨　巍　何　侃

　　　　辛　颖　张　灵

秘　书　杨　明

绘　图　刘　玲

前言

"上工治未病,中工治欲病,下工治已病",中国古人预防疾病的理念核心是追求健康。人类对影响健康因素的认识经历了漫长的历史。从远古的神罚学说,到西汉阴阳五行的朴素唯物主义学说,到19世纪的生物致病学说,再到20世纪的生态学模型,随着科学的发展,人类对健康有了越来越深的认识和理解,分子、细胞、组织、器官和系统等身体结构的各个层级都被发现对健康有重要影响,而且各要素环环相扣,编织成"健康网络"。

现代医学提出了新的概念——亚健康。亚健康是介于健康与疾病之间的一种状态,随着对健康的管控,亚健康状态可能会向疾病发展,也可能会回归到健康状态。人民日益增长的美好生活需要促使中国人民对健康和亚健康不断理解和重视,现在我们不仅要预防疾病,而且要追求更加完美的健康状态。自新型冠状病毒肺炎暴发以来,中国政府对疫情一贯坚持以预防为主,落实常态化疫情管控要求,推进健康中国建设。因此,人民对健康有更深的认识,才会有更积极的防治疾病的能力。健康中国的实施更需要大学生,尤其是医学生对健康的要素与管控有科学的理解和洞察。

影响健康的要素有很多,本书所列举的要素虽涵盖了医学和生命领域最新的研究进展,但仍然不够全面。遗传、环境、外伤、衰老、肥胖、情绪、节律和生活方式等各种因素都会影响健康,但我们相信还有很多未知的因素影响健康。目前,大多数人对健康的理解都停留在保持身心健康层面,但如何保持健康,以及各种因素影响健康的内在机制是什么,本书各章节有初步阐释。

本书创新性地提出了"袭扰子"和"健康熵"等概念,每一节都由资深的基础医学专家编写,他们有着丰富的教学和科研经验。本书作为医学和生物科学专业本科生教材,将诸多医学基础学科的相关知识精炼、整合到各章节中。我们在编写过程中,为保持内容的科学性、系统性和先进性,既涉及基本知识又兼顾基础医学领域的新知识、新技术的介绍,力求做到简明扼要、深入浅出、循序渐进。

《健康要素与管控》最后一章——"健康的个人管控",是免疫学专家于永利教授根据其渊博的学识和个人经历进行书写的，文中提到的各种管控方式非常值得大家借鉴学习。另外感谢吉林大学基础医学院刘玲老师在全书插图的绘制工作中给予的帮助。

希望学习和参阅本书的学生和广大读者们，能够为我们提出宝贵的意见和建议，随着知识的更新和科学的进步，越来越多的健康要素和管控方式将会出现，我们也会随之对本书进行更新。限于编者水平与时间，谬误和不足之处在所难免，希望广大读者批评、指正，待再版时完善。

主编　王放

2022 年 6 月

目录

第一章　健康的保护屏障 ... 1

第一节　皮肤屏障 ... 1
一、皮肤屏障的结构 ... 2
二、皮肤屏障的功能 ... 3
三、皮肤屏障损伤的修复 ... 7
四、皮肤的衰老 ... 8

第二节　血－脑脊液屏障 ... 9
一、BBB 的结构组成 ... 10
二、BBB 的功能 ... 11
三、物质通过 BBB 的方式及影响因素 ... 12
四、BBB 功能障碍与疾病 ... 13

第三节　肠道屏障 ... 14
一、肠道屏障的结构 ... 14
二、肠道屏障的功能 ... 15
三、肠道屏障的损伤 ... 17
四、肠道黏膜屏障的修复 ... 18
五、肠道屏障与人类疾病 ... 19
六、膳食成分对肠道菌群及肠道屏障的影响 ... 21

第四节　呼吸系统屏障 ... 22
一、呼吸系统屏障的结构 ... 23
二、呼吸系统屏障的功能 ... 26
三、呼吸系统屏障功能失调与人类疾病 ... 27
四、呼吸系统屏障的损伤与修复 ... 29

第五节　细胞膜屏障 ... 29
一、细胞膜的组成及特性 ... 30
二、细胞膜的功能 ... 31
三、细胞膜屏障损伤与疾病 ... 34
四、细胞膜的修复 ... 35

第六节　线粒体膜屏障 ... 35

- 一、线粒体膜的结构 … 36
- 二、线粒体膜的功能 … 37
- 三、线粒体膜通透性改变与疾病 … 37

第七节　核膜屏障 … 39
- 一、核膜屏障的结构 … 39
- 二、核膜屏障的功能 … 40
- 三、核膜屏障异常与疾病 … 41
- 四、核膜屏障的修复 … 43
- 参考文献 … 44
- 思考题 … 45

第二章　局部袭扰的限制 … 46

第一节　固有和适应性免疫应答 … 47
- 一、固有免疫应答 … 47
- 二、适应性免疫应答 … 49

第二节　限制外源性"袭扰子" … 51
- 一、吞噬作用 … 51
- 二、局部血管收缩和血栓形成 … 53
- 三、胞外诱捕网的释放 … 53
- 四、包囊作用 … 56
- 五、感染引起的炎症反应 … 57

第三节　限制内源性"袭扰子" … 59
- 一、肿瘤细胞的特点及清除机制 … 59
- 二、衰老细胞的特征及清除机制 … 62
- 三、其他内源性"袭扰子"的限制 … 64
- 参考文献 … 65
- 思考题 … 66

第三章　回收与周转 … 68

第一节　细胞死亡的方式 … 69
- 一、坏死 … 69
- 二、程序性细胞死亡 … 70

第二节　凋亡细胞的清除 … 72
- 一、凋亡细胞释放"找到我"信号招募吞噬细胞 … 73
- 二、凋亡细胞释放"吃掉我"信号 … 73
- 三、吞噬凋亡细胞 … 74

第三节　细胞组分的更新 … 74
- 一、自噬的概述及过程 … 75
- 二、细胞器特异性自噬 … 76

第四节　回收和周转障碍与疾病 … 80

一、细胞凋亡与衰老 ··· 80
　　二、胞葬作用缺陷与代谢性疾病 ·· 81
　　三、细胞器特异性自噬与健康·疾病 ··· 82
　参考文献 ·· 85
　思考题 ··· 87

第四章　自稳复元 ··· 88

第一节　概述 ·· 88
第二节　神经调节 ··· 89
　　一、神经递质调节机体自稳 ··· 90
　　二、神经-内分泌的调节 ··· 92
　　三、神经调节异常导致疾病的健康管控 ····································· 94
第三节　遗传因素调节 ·· 95
　　一、遗传基因调控 ··· 95
　　二、遗传-环境互作调控 ··· 96
　　三、遗传调控异常诱发疾病的健康管控 ····································· 97
第四节　激素和代谢调节 ·· 98
　　一、激素调节机体自稳 ··· 98
　　二、代谢调节机体自稳 ··· 99
　　三、激素或代谢调节异常导致疾病的健康管控 ······················· 100
第五节　免疫系统调节 ·· 100
　　一、固有免疫系统的调节 ··· 101
　　二、适应性免疫系统的调节 ··· 102
　　三、神经-内分泌-免疫系统网络调节 ·· 103
　　四、免疫调节异常导致疾病的健康管控 ··································· 105
第六节　肠道微生物调节 ·· 105
　　一、肠道菌群的概述 ··· 106
　　二、肠道菌群调控机体自稳机制 ··· 107
　　三、肠道菌群失调与疾病及其健康管控 ··································· 108
　参考文献 ··· 111
　思考题 ·· 113

第五章　节律变化 ·· 114

第一节　节律的分类 ·· 114
第二节　昼夜节律的变化 ·· 116
　　一、干细胞的节律 ··· 117
　　二、线粒体的节律 ··· 118
　　三、免疫应答的节律 ··· 119
　　四、肠道菌群的节律 ··· 121
第三节　节律调控与疾病 ·· 121

参考文献 ··· 123
　　思考题 ··· 124

第六章　修复与再生 ··· 125

第一节　DNA 损伤与修复 ··· 127
一、导致 DNA 损伤的因素 ··· 127
二、DNA 损伤的类型 ·· 129
三、DNA 损伤修复类型 ·· 129
四、DNA 损伤及其修复的意义 ··· 131

第二节　蛋白质的损伤与维稳 ·· 132
一、蛋白质氧化性损伤 ··· 133
二、蛋白质内稳态 ··· 135

第三节　细胞器的损伤与稳态 ·· 138
一、ER 应激反应 ·· 138
二、线粒体应激反应 ··· 139
三、溶酶体损伤反应 ··· 140

第四节　干细胞的组织再生与器官修复 ·· 141
一、干细胞的来源 ··· 141
二、干细胞的分类 ··· 141
三、干细胞的生物学特性 ··· 142
四、参与创伤修复的干细胞常见类型 ·· 142
五、干细胞的再生与修复 ··· 143
　　参考文献 ··· 146
　　思考题 ··· 148

第七章　健康的个人管控 ··· 150

第一节　健康及其管控 ··· 150
第二节　健康的袭扰 ··· 151
第三节　健康与熵增 ··· 152
第四节　健康的复元 ··· 153
第五节　健康的个人管控 ··· 154
一、躲避危险 ··· 155
二、防止肥胖 ··· 158
三、尊重节律 ··· 159
四、锻炼身体 ··· 160
五、纾缓应激 ··· 161
　　参考文献 ··· 166
　　思考题 ··· 167

第一章 健康的保护屏障

熵（entropy）是系统混乱/无序的量度，如果不加管控，熵就会增加，这种变化称为熵增。所有生物都需通过建立保护屏障来维持其形态、功能以及避免熵的增加。健康的人体是一个有序的系统，因而人体进化出各种保护屏障来对抗熵增，包括机体表面的皮肤屏障、将细胞内外环境分开的细胞膜屏障、细胞内部的线粒体屏障、保证细胞核稳定的核膜屏障、中枢神经系统防御的血脑屏障、参与消化吸收的肠道屏障和气体交换的呼吸道屏障。维持各种保护屏障的稳定是保证机体健康的第一要素。如果没有固有的屏障作为机体各个部分的界限，那么任何细胞、亚细胞和超细胞区室都不会存在或发挥作用，重要的电生理和化学梯度也无法搭建，气体和渗透物的交换、代谢回路的补充、细胞之间的通信/协调以及解毒这些重要的生物学行为都无法进行，最终会导致各种疾病的发生。

第一节 皮肤屏障

皮肤是人体最大的器官，包括皮下组织，其重量可达体重的16%。成人皮肤面积约为 1.7 m^2，覆盖于人体表面，由表皮、真皮和皮下组织构成，并含有丰富的血管、淋巴管、神经、肌肉及各附属器，如毛发、毛囊、汗腺、皮脂腺、指（趾）甲等。

皮肤的主要功能有保护、感觉、调节体温、分泌和排泄等。它保护机体免受外界环境中机械、物理、化学、生物等有害因素的侵害；感知冷、热、痛、触等刺激，并做出应激反应；控制机体内的各种营养物质、电解质和水分的损失；通过皮脂与汗液排泄机体代谢产物；通过周期性更新表皮，有效保证机体的内环境稳定和保持皮肤自身的动态平衡。皮肤的正常功能对机体的健康很重要，同时机体的异常情况也可以通过皮肤反映出来[1]。

一、皮肤屏障的结构

（一）表皮

表皮（epidermis）覆于机体表面，是皮肤的浅层，由外胚层分化而来，由角化的复层扁平上皮构成。表皮细胞分为两大类——角质形成细胞和非角质形成细胞，后者分布于角质形成细胞之间，因形态呈树枝状突起，也称"树枝状细胞"，包括黑素细胞、朗格汉斯细胞、梅克尔细胞。

根据角质形成细胞的分化和特点，将表皮由外到内依次分为 5 层，即角质层、透明层、颗粒层、棘层和基底层，基底层借助基膜与真皮连接。

1. 角质层

角质层（stratum corneum）是表皮的最外层，由 5~15 层扁平、无核的角化细胞构成，胞质内充满了张力细丝和角蛋白，角质细胞包埋于细胞间质。20 世纪 70 年代，美国科学家 Peter Elias 教授形象地将这种结构特点比喻为"砖墙结构"。角质层的完整性对维持皮肤屏障功能起重要作用，还影响皮肤对药物的吸收。屏障功能缺损的患者对药物透皮吸收能力增强，例如，湿疹皮损对药物的渗透性是正常皮肤的 3~5 倍。

2. 透明层

透明层（stratum lucidum）位于颗粒层和角质层之间，由嗜伊红均质的扁平细胞组成，一般存在于角质较厚的部位，以掌跖最为明显。

3. 颗粒层

颗粒层（stratum granulosum）由 1~3 层扁平或梭形的无核细胞构成，其细胞质内含有大小不等、形状不一的透明角质颗粒。正常皮肤的角质层薄厚反映其颗粒层的薄厚，下眼睑等部位角质层较薄，颗粒层细胞仅有 1~3 层，而在角质层厚的部位，如手掌、足底等部位，颗粒层则较厚，多达 10 层。此层具有防止水分通过及折射紫外线的功能。

4. 棘层

棘层（stratum spinosum）位于基底层上方，由 4~8 层多角形细胞组成，细胞较大，有许多棘状突起，胞核呈圆形，细胞间桥明显。最底层的棘细胞具有分裂功能，可参与表皮的损伤修复。

5. 基底层

基底层（stratum basalis）位于表皮的最底层，仅为一层柱状或立方形的基底细胞，基底层细胞为异质性细胞，包括表皮干细胞，开始分化的角质形成细胞和树枝状细胞。此层细胞具有分裂、增殖能力，不断产生新的细胞并向浅层推移，以补充衰老脱落的角质形成细胞，与皮肤自我修复、创伤修复及瘢痕形成有关。

（二）真皮

真皮（dermis）由中胚层分化而来。全身各部位厚薄不一，一般为 1～3 mm，眼睑最薄，为 0.3 mm，由表向里分为乳头部和网状部两部分，但两者之间并无明确界限，前者也称乳头真皮，由深入表皮的乳头和乳头下方靠近表皮的浅表区域组成，约占真皮厚度的 1/3；后者也称网状真皮，约占真皮厚度的 2/3。

真皮的主要成分为不规则的致密结缔组织（connective tissue），其中包含皮肤附属器、血管、神经和一些细胞成分。结缔组织包括胶原纤维、弹力纤维和网状纤维，包埋于基质中，这些纤维和基质均由纤维母细胞产生。

（三）皮下组织

皮下组织（subcutaneous tissue）位于真皮下方，由疏松结缔组织及脂肪小叶组成，含有血管、淋巴管和神经。皮下组织又称皮下脂肪层，其厚度因部位、性别及营养状况不同而有所差别。

皮肤屏障中的细胞类型和功能见表 1-1。

表 1-1　皮肤屏障中的细胞类型和功能

皮肤屏障	细胞类型	功能
表皮	角质形成细胞	构成角质化表皮
	朗格汉斯细胞	抗原提呈
	黑素细胞	合成色素
真皮	巨噬细胞、淋巴细胞	免疫应答
	成纤维细胞	合成纤维
	肥大细胞	形成基质
	红细胞	运输功能
	上皮细胞	形成血管
	神经末梢细胞	感受刺激

二、皮肤屏障的功能

（一）皮肤对理化刺激的防护作用

1. 减轻机械性损伤

当人体受到较大的外力作用时，角质层由于其柔韧性和致密性可首要发挥保护作用；真皮中交叉排列的胶原纤维、网状纤维、弹力纤维等形成的网状结构使皮肤保持一定的弹性，维持皮肤形状，使其不易变形；皮下的脂肪组织由于其柔软的特性，能够缓冲外力对内脏器官的冲撞作用。

2. 电的不良导体

皮肤是电的不良导体，在接触低电压电流时，仅有极少量电流可流经皮肤，这主要归功于角质层，角质层的含水量与皮肤电阻值呈负相关；

皮肤电阻值也与天气、皮肤部位及分泌情况有关，即干燥时皮肤电阻比潮湿时大，导电性差。在病理情况下，角质层剥脱，真皮及皮下组织则成为电的良导体，严重削弱皮肤对电损伤的防护能力。

3. 吸收射线

正常皮肤对光有吸收能力，以保护机体内的器官和组织免受光的损伤。光透入人体组织的能力和它的波长及皮肤组织的结构有密切关系，一般波长越长，透入皮肤的程度越表浅。例如，红光及其附近的红外线（波长≥760 nm），透入皮肤最浅；而随着波长的缩短，光的透入程度也逐渐加深。皮肤组织吸收光也具有明显的选择性，紫外线大部分被表皮吸收。如角质细胞能吸收大量的短波紫外线（波长为180～280 nm），棘细胞和基底层的黑素细胞则吸收长波紫外线（波长为320～400 nm）。

4. 屏障及酸碱中和作用

健康状态下，皮肤对各种外来的化学物质都有一定的屏障作用。屏障部位主要在角质层，该层完整的脂质膜、丰富的角蛋白和细胞间丝聚蛋白起到防护作用。而皮肤表面的氢离子对酸、碱等的缓冲能力，能够有效维持皮肤表面pH处在正常范围内。正常皮肤表面多偏酸性，其pH为5.5～7.0，最低可到4.0，最高可到9.6。小汗腺较多的部位，皮肤表面pH为5.5±0.5，头部、前额及腹股沟处往往偏碱性。皮肤和碱性溶液接触后，最初5min内皮肤的中和能力最强；皮肤对pH在4.2～6.0范围内的酸性物质也有相当强的缓冲能力，被称为酸中和作用，可以防止一些酸性物质对机体的损害。

（二）皮肤对袭扰子的物理屏障及免疫防御功能

1. 物理屏障

皮肤的特点是生境多样、褶皱丰富，且具有特殊壁龛（生态位），可接收不同的微生物种群，包括细菌、真菌、病毒及螨虫。其中，共生微生物占据了广泛的皮肤龛，它们以较稳定的数目和位置，有层次、有秩序地定植在皮肤上，构成了皮肤屏障的一部分，防止致病微生物的入侵，这也被称为微生物的占位作用。这些微生物还具有诱导皮肤T淋巴细胞活化、抵御致病微生物的作用。皮肤表面的各种有益菌群之间彼此相互依赖、相互制约，形成一个稳定、和谐的生物屏障，保护着机体的健康。

角质层对微生物具有良好的屏障作用，大部分病原微生物都会被致密的角质层阻隔在人体之外，也有一些侵染性强的病毒或细菌，能够通过皮肤进入人体内，但真皮浅层中的巨噬细胞也具备清除这些微生物的能力。另外，皮肤表面较低的pH也不利于寄生菌生长。皮肤表面脂质中的某些游离脂肪酸对寄生菌的生长也具有抑制作用，如化脓性链球菌对长链游离饱和脂肪酸和油酸较敏感；皮肤干燥和脱屑也会对寄生菌的生长产生不良影响。

2. 免疫防御功能

皮肤是人体最具免疫活性的器官之一，这是由于各种各样免疫细胞的存在，积极参与固有免疫和获得性免疫（表1-2）。皮肤的免疫功能是主动性的，它能发挥主动的免疫防御、免疫监视及免疫自稳功能。人体皮肤各部分包含结构细胞和免疫细胞，这些细胞除了支撑皮肤正常结构的作用外，最重要的功能就是将外源及内源性的危险信息向免疫细胞进行传递，通过各种形式的细胞相互作用来维持皮肤防御屏障的功能[2]。

表1-2　皮肤主要免疫细胞的分布与功能

细胞种类	分布部位	主要功能
角质形成细胞	表皮	分泌细胞因子、参与抗原提呈
朗格汉斯细胞	表皮	抗原提呈、分泌细胞因子、免疫监视
淋巴细胞	真皮	介导免疫应答、抗皮肤肿瘤、参与炎症反应、创伤修复、维持皮肤自身稳定
内皮细胞	真皮血管	分泌细胞因子、参与炎症反应、组织修复
肥大细胞	真皮乳头血管周围	Ⅰ型超敏反应
巨噬细胞	真皮浅层	创伤修复、防止微生物入侵
成纤维细胞	真皮	参与维持皮肤免疫系统的自稳

（三）皮肤维持正常体温

皮肤是人体的重要散热部位。当环境温度低于体温时，大部分体热通过皮肤的辐射、传导和对流散失，而其余的少部分热量则通过皮肤汗液蒸发散失，呼吸、排尿和排便也可散失少部分热量。在环境温度为21℃时，约70%的体热通过皮肤的辐射、传导和对流散失；约27%的体热通过皮肤水分蒸发散失；约2%的体热通过呼吸散失；约1%的体热通过排尿、排便散失。

辐射散热是机体以热射线的形式将热量传给外界较冷物质的一种散热形式。以此种方式散发的热量所占比例较高（在机体安静状态下约占总散热量的60%）。气温与皮肤的温度差越大，或机体有效辐射面积越大，辐射的散热量就越多。传导散热是机体的热量直接传给同它接触的较冷物体的一种散热方式。机体深部热量以传导方式传到机体表面的皮肤，再由皮肤直接传给同它相接触的物体，如床或衣服等。对流散热是传导散热的一种特殊形式，是指通过气体或液体来交换热量的一种方式。人体周围总是绕有一薄层同皮肤接触的空气，人体的热量传给这一层空气，由于空气不断流动（对流），便将体热发散到空间。通过对流所散失热量的多少，受风速影响极大。

辐射、传导和对流散失的热量取决于皮肤和环境之间的温度差，温度差越大，散热量越多；温度差越小，散热量越少。皮肤温度为皮肤血流量所控制，而皮肤乳头下层形成的动脉网、皮下丰富的静脉丛和动-静脉吻合支决定了皮肤血流量可以在很大范围内变动，从而可以使体温维持在适宜的范围内，防止体温过高或过低导致全身疾病。机体交感神经系统控制着皮肤血管的口径，增减皮肤血流量以改变皮肤温度，从而使散热量符合当时条件下体热平衡的要求。

在炎热环境中，交感神经传递冲动减弱，皮肤小血管舒张，动-静脉吻合支也开放，皮肤血流量因而大大增加，于是较多的体热从机体深部被带到体表层，提高了皮肤温度，增加了散热作用。在寒冷环境中，交感神经兴奋，皮肤血管收缩，皮肤血流量明显减少，散热量也因而大大减少，此时机体表层宛如一个隔热器，起到了防止体热散失的作用。

蒸发散热在人的体温条件下，蒸发 1 g 水分可使机体散失 2.4 kJ 热量。当环境温度升高时，皮肤和环境之间的温度差变小，辐射、传导和对流的散热量减少，而蒸发的散热作用增强；当环境温度等于或高于皮肤温度时，辐射、传导和对流的散热方式就不能发挥作用，此时，蒸发就成为机体唯一的散热方式。人体蒸发散热有两种形式：不感蒸发和可感蒸发。

（四）皮肤的物质代谢和排泄

除了某些厚度超过 1 mm 的特殊部位外，表皮可以通过表面弥散获得它所需要的全部 O_2，以及排出一定量的 CO_2。经皮肤排出的 CO_2，部分来自于皮肤本身，部分来自于浅表血管中的血液。虽然皮肤具有一定的气体交换功能，但因其占人体整个呼吸量的百分比较低（氧的吸收比例 < 1.9%，CO_2 排出约占 2.7%），故难以称其为呼吸器官。同时皮肤具有分泌和排泄功能，主要通过汗腺和皮脂腺来完成。

1. CO_2

表皮角质形成细胞在增殖、分化成熟过程中产生的 CO_2 通过角质层弥散进入到空气中，或经过真皮进入血液循环。皮肤不同部位的 CO_2 弥散存在生理学差异，腋窝和前额是 CO_2 释放较多的部位，而前胸、背部、腹部及手掌等部位的 CO_2 释放率较低。汗腺在 CO_2 释放中可能起一定的作用，显性出汗时，CO_2 释放增多，所以，环境温度应是影响 CO_2 释放率的主要因素。此外，皮肤表面 CO_2 的弥散与角质层的完整性及皮肤屏障功能相关。异位性皮炎、银屑病患者的皮肤与正常皮肤在 CO_2 弥散方面存在差异，而婴儿和成人之间没有差异。

2. O_2

角质层是 O_2 流通的最大阻力，角质层厚度和组成成分的变化可引

起 O_2 流通改变。离体皮肤对 O_2 转运的阻力显著减小，与血液相关的经皮氧分压（transcutaneous oxygen pressure，$TCPO_2$）在局部充血时增高，许多局部因素，如角质层和表皮厚度、炎症、紫外线照射、皮肤病和水肿均可影响 $TCPO_2$。$TCPO_2$ 是评价正常皮肤中动脉氧分压和微循环提供了一种可行的方法。银屑病、痤疮患者 $TCPO_2$ 降低。

经皮氧分压

3. 汗液和皮脂

汗腺分泌汗液，其中水分占比 > 98%，汗液 pH 为 4.2～7.5，其中还含有氯化钠、乳酸、尿素等成分。皮脂是皮脂腺分泌排出的多种脂类物质的统称，包括饱和及不饱和的游离脂肪酸、甘油酯类、蜡类、固醇类、角鲨烯等。皮脂和汗液经过乳化后会形成一层脂质膜，也具有保护作用。同时，皮脂腺分泌的脂肪酸会形成酸性环境，对真菌和细菌的生长具有轻度抑制作用。

三、皮肤屏障损伤的修复

皮肤损伤修复是指由于遭受外力作用，皮肤组织出现离断或缺损后的修复过程，包括各种组织的再生和肉芽组织增生，修复的机制主要包括血小板、炎性细胞、上皮细胞、角质形成细胞、成纤维细胞、多种细胞因子和生长因子以及整合素受体和黏附分子介导的与细胞外基质（ECM）成分的相互作用。皮肤损伤的正常修复过程包括：

（一）止血

止血是皮肤损伤修复的第一阶段。血小板凝集形成凝血块，凝血块干燥后形成血痂，以保护伤口。

（二）炎症

在趋化因子、转化生长因子-β（TGF-β）和细菌的吸引下，中性粒细胞、肥大细胞、单核细胞和 T 淋巴细胞向伤口部位迁移和浸润，这些炎性细胞有助于清除伤口区域的细菌并启动愈合过程。

（三）增殖

增殖是皮肤损伤修复的主要阶段，参与增殖的主要是角质形成细胞、增殖上皮细胞和成纤维细胞。角质形成细胞可迅速增殖；成纤维细胞在趋化性血小板源性生长因子（PDGF）、表皮生长因子（EGF）和 TGF-β 的刺激下，迁移到组织损伤的部位，并产生大量的胶原蛋白。此外，在基质金属蛋白酶的作用下通过释放血管内皮生长因子（VEGF）可促进血管生成，从而刺激上皮细胞的增殖、迁移和分化。

（四）重建

重建是指皮肤损伤修复过程中的肉芽组织形成、上皮化和组织重塑。

重建肉芽组织由新生毛细血管以及增生的成纤维细胞构成,并伴有炎性细胞浸润。上皮化是在指 TGF-β 和 PDGF 诱导下,成纤维细胞转化为肌成纤维细胞。组织重塑是角质形成细胞在 ECM 上面极化、迁移及角质化,从而完成皮肤损伤的修复。

皮肤损伤的过度修复是指由于修复过程中大量免疫细胞浸润,细胞因子和生长因子过度释放,包括 TGF-β 家族成员和其他信号转导分子,介导胶原等大量 ECM 的产生,从而导致肉芽组织逐渐发生纤维化成为瘢痕组织(scar tissue)。瘢痕组织中胶原纤维增多,成纤维细胞转变为纤维细胞;毛细血管逐渐闭合、退化,或演化为小血管;炎性细胞逐渐消失,从而形成灰白色、质地硬且缺乏弹性的瘢痕。浅表性瘢痕随着时间的推移会逐渐消失。但当瘢痕生长超过一定限度,胶原等大量结缔组织基质过度产生和沉积时,可形成皮肤纤维化相关疾病,如增生性瘢痕及瘢痕疙瘩等,统称为病理性瘢痕。病理性瘢痕可妨碍相关组织或器官的生理功能,甚至导致畸形,给患者带来巨大的肉体和精神痛苦。瘢痕体质者表现为身体任何部位损伤后,都能出现如同瘢痕疙瘩样瘢痕的无限增生,其由愈合过程中肉芽组织或Ⅲ型胶原的过度生长引起,与遗传因素有关。瘢痕疙瘩的治疗包括经典皮质类固醇治疗、冷冻治疗、激光、放射、射频消融和体外冲击波治疗等。

四、皮肤的衰老

皮肤衰老是机体衰老最为明显的表征之一,皮肤的表皮层、真皮层以及皮肤附属器的细胞和组织均会随着机体年龄的增长而发生相应改变,但最具有特征性的还是真皮层成分的变化。真皮层中的成分包括胶原纤维、网状纤维、弹性纤维以及氨基多糖和蛋白多糖等基质,其中以胶原纤维的含量最为丰富。当皮肤发生老化时,胶原纤维含量会不断减少,弹性纤维受损,导致皮肤松弛下垂,弹性、紧实度下降以及皱纹增多,而真皮层中成纤维细胞的衰老是导致皮肤衰老的主要因素之一。成纤维细胞作为真皮内的细胞外基质支架的主要生产者,在皮肤分化,组织稳态和皮肤伤口愈合中起着重要作用。

皮肤衰老导致皮肤结构完整性降低和生理功能的丧失,这一过程受内在因素和外在因素综合影响;一方面由时间、遗传、激素水平等因素引起,也称为自然老化或者内源性皮肤老化;另一方面则由外界环境因素(紫外线辐射、颗粒物等)或生活方式(熬夜、饮食不规律等)引起,也称为外源性皮肤衰老。影响皮肤衰老的机制包括自由基衰老学说、代谢失调学说、端粒学说、细胞凋亡学说等。每个假说从不同角度阐述了

科学小故事——伤口的无痕修复

皮肤衰老的现象。其中自由基学说受到众多学者的认同。自由基通常指含有不配对电子的分子、原子或者原子团的总称。常见的体内自由基包括羟自由基、过氧化氢、二氧化氮、脂氧自由基等。其在生物体内起信号传导和免疫防御等作用，但是积累过多的自由基会导致活性氧升高，引起衰老相关分泌表型物质的分泌，造成机体正常细胞和组织的损坏，并逐渐通往衰老的进程。

第二节　血-脑脊液屏障

　　血-脑脊液屏障（blood-brain barrier，BBB）作为机体内最重要的器官防御结构之一，是分隔中枢神经系统和循环系统的庞大动态界面，是由脑微血管内皮细胞（brain microvascular endothelial cells，BMVECs）及其细胞间的紧密连接、完整的基膜、周细胞、神经元以及星形胶质细胞脚板围成的神经胶质膜组成的神经血管单元，其中 BMVECs 是 BBB 的核心结构（图 1-1）。BBB 中神经血管单元内各种细胞互相协调来调控中枢神经系统和循环系统之间的物质运输、信息交换和能量传递，维持着中枢神经系统内环境的稳态，并为中枢神经系统发挥正常功能提供保障。BMVECs 可通过胞吞以及外排泵的作用使物质穿过 BBB，其中许多因素都会影响 BBB 的通透性，如物质本身的特性、温度以及渗透压等。BBB 功能障碍与多种神经系统疾病的发生密切相关，如阿尔茨海默病、帕金森病和多发性硬化等。

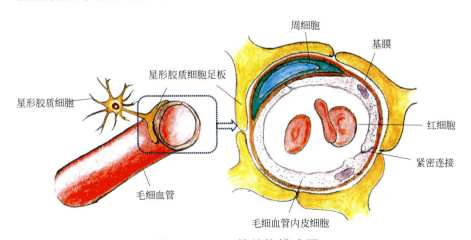

图 1-1　BBB 的结构模式图

一、BBB 的结构组成

（一）BBB 的发现

1855 年，德国细菌学家 Ehrlich 将酸性苯胺染料 Coerulein 静脉注射到动物体内，发现所有器官和组织均被染色，唯独脑组织除外，通过这一实验第一次发现了一个将中枢神经系统和周围组织器官隔开的结构，即 BBB。但一般认为 BBB 的概念由 Goldman 建立，1913 年 Goldman 报告了两个经典的实验结果：一是向兔静脉内注入锥虫蓝（台盼蓝）(trypan blue) 后，全身组织都被染蓝，但脑除脉络丛外却未被染色，动物也无中毒症状；二是将锥虫蓝（台盼蓝）注入兔的蛛网膜下隙，动物因惊厥而死亡，脑组织全呈蓝色。因而学界认为有一道阻挡血液中染料进入脑组织内的屏障，但当时错误地将 BBB 定位在脉络丛。此后许多学者进行了大量的实验和临床观察，确定这种保护性屏障的存在，并将其命名为 BBB。

（二）BBB 的组成

血液和脑组织之间存在着限制某些物质自由扩散，阻止血液中的有害物质进入脑组织的屏障，称为 BBB。BBB 主要由以下几部分组成。

1. 细胞组分

（1）BMVECs：BMVECs 是位于脑血管内腔膜表面的单层扁平细胞，是一种特殊类型的内皮细胞，这些内皮细胞之间具有复杂的紧密连接，胞内含有丰富的线粒体，但缺少跨膜转运的质膜小泡（plasma vesicle）和细胞孔。BMVECs 细胞膜上含有多种特殊蛋白，如碱性磷酸酶和转铁蛋白受体等。BMVECs 细胞质具有均匀的厚度，胞饮活力强，是其发挥强力物质交换和能量传递功能的结构基础。与 BMVECs 直接接触的星形胶质细胞和周细胞则参与保持 BBB 的致密性。BMVECs 不仅是大分子物质转运的第一道屏障，而且严格控制小分子通道，将脑组织和循环系统隔开，限制药物和外源性物质进入大脑。内皮细胞层独有的运输系统和受体模式不仅能促进重要营养素和激素的摄取，感知微循环中的激素水平、循环系统中的炎性因子、血流压力的变化等信息，还可以针对这些信息通过活化泵分泌多种活性物质产生调节反应。此外，BMVECs 可以表达多种耐药相关蛋白，这也是药物难以透过 BBB 进入中枢神经系统的原因之一，同时也可防止有害物质的进入。

（2）周细胞：周细胞类型复杂，标志物多样，目前较多采用 α-平滑肌肌动蛋白标记周细胞。周细胞也叫做血管平滑肌细胞，是毛细血管收缩的承担者，具有收缩、免疫、迁移等功能。周细胞与 BMVECs 之间通过缝隙连接、紧密连接、黏着斑及可溶因子相连接，并与 BMVECs 共用基膜，周围覆盖 22%～32% 的微血管。在中枢神经系统中，周细胞可促进血管的生成，稳定微血管，调节脑灌注血流量和毛细血管管径，维持 BBB 结构的完整性。脑毛细血管的周细胞位于基膜内，通过物理接触和旁分泌信号与内皮细胞进行细胞通讯，监视和稳定内皮细胞的成熟过程。周细胞在 BBB 形成以及维持其选择透过性的功能方面具有重要作用。

（3）星形胶质细胞：星形胶质细胞是中枢神经系统中含量最丰富的神经胶质细胞，99% 的 BMVECs 表面附着星形胶质细胞足突，星形胶质细胞不仅与 BMVECs 紧密相连，还能诱导 BMVECs 之间紧密连接的形成，自身及其产生的活性物质与 BBB 其他细胞或分子相互作用，可促进细胞间蛋白聚糖的合成，维持 BBB 的正常功能。

2. 基膜

脑毛细血管内皮细胞与星形胶质细胞足板之间存在着一层连续性的基膜，由含大量胶原特性的氨基酸和极少纤维性物质构成。基膜起支持作用，也是 BBB 的第二道屏障。周细胞和 BMVECs 共同锚定在基膜上。基膜参与调节 BMVECs 之间紧密连接蛋白的表达，当基膜发生异常时，紧密连接蛋白表达降低，引起 BBB 通透性增加。

3. 神经胶质膜

在毛细血管基膜外周有一层胶质膜，它是由星形胶质细胞粗突起末端膨大的足板附着于基膜上而形成的一层致密而坚韧的薄膜，构成 BBB 的第三道屏障，对大分子物质具有一定的屏障作用。

4. 紧密连接

紧密连接主要由跨膜蛋白和胞质附着蛋白组成，主要由微丝构成的细胞骨架是紧密连接的重要组成成分。跨膜蛋白由咬合蛋白（occludin）、闭合蛋白（claudin）和连接黏附分子（junctional adhesive molecule，JAM）3 种膜蛋白构成；胞质附着蛋白由 3 种闭合小环蛋白组成；纤维状肌动蛋白 F-actin 是细胞骨架蛋白最重要的成分。

二、BBB 的功能

BBB 是机体内最重要的器官防御结构之一，负责调控中枢神经系统和循环系统之间的物质运输、信息交换和能量传递。血液中激素、各种离子和氨基酸处在不断变化的过程中，而 BBB 是存在于脑和脊髓内的毛细血管与神经组织之间的动态调节面，可以调节物质转运以稳定脑内环境，保证中枢神经系统的正常功能并阻止异物入侵。BBB 结构和功能的异常可引起脑组织异常的血管生成、血管老化、炎症反应以及脑血流灌注不足，进一步损伤 BBB，发生恶性循环。

三、物质通过 BBB 的方式及影响因素

（一）物质通过 BBB 的方式

物质可以通过扩散（diffusion）和载体转运（carrier transport）等方式在 BBB 和血液之间运输。

1. 以扩散的方式通过 BBB

由于构成 BBB 的血管内皮细胞膜具有亲脂性的脂质双分子层结构，脂溶性物质较容易通过。O_2、N_2、CO_2 等气体分子可迅速扩散进入脑内；水和脂溶性物质也能迅速扩散入脑，目前已知扩散最快的物质是乙醇。溶质的脂溶性高低决定了其通过 BBB 的快慢和难易。

2. 以载体转运的方式通过 BBB

脂溶性低的物质可以通过载体蛋白以载体转运的方式通过 BBB，载体蛋白有较高的特异性，一种载体蛋白通常只能转运一种物质，脑血管内皮细胞上有多种特异性载体蛋白，可转运脂溶性低的物质入脑。

（1）葡萄糖的转运：葡萄糖作为脑的唯一能量来源并不能直接进入神经元，99% 的葡萄糖通过葡萄糖转运体运送至脑，进入星形胶质细胞后被酵解成乳酸，而后进入神经元，为其所用。

（2）氨基酸的转运：脑内的氨基酸来源于食物或者蛋白质降解。必需氨基酸通过 L 型转运蛋白入脑，转运速度较快；非必需氨基酸通过 A 型转运蛋白转运，转运速度较慢。

（3）离子的转运：BBB 内皮细胞上的 Na^+ 转运体和 Na^+-K^+-ATP 酶协助 Na^+ 从血液转运入脑，脑内内皮血管内的 Na^+-K^+-ATP 酶活性、ATP 活性以及线粒体含量与其他部位相比明显较高。可扩散入脑的物质解离成离子后穿过 BBB 的速度均减慢，例如 NH_4^+、HCO_3^- 相较于 NH_3、CO_2 进入脑组织更慢。

（4）铁的转运：血清转铁蛋白与 BBB 内皮细胞上的转铁蛋白受体结合，通过转铁蛋白受体介导的内吞作用形成内吞小体，将铁送入内皮细胞内，而后转铁蛋白-转铁蛋白受体复合物回到细胞表面，解离后回到血液中。

3. 神经递质的转运

为了维持脑内中枢神经递质水平的稳定，排除脑外刺激因素的干扰，神经递质几乎不能通过 BBB。脑毛细血管内皮细胞中的酶系统限制了神经递质入脑，使脑组织的神经递质内环境较少受到循环血液中强生物活性物质的干扰。

（二）影响血脑屏障通透性的因素

1. 物质本身的性质和状态

内皮细胞膜具有亲脂性，因此脂溶性越高的物质越容易通过 BBB，进入脑组织的速度也越快。带正电荷或负电荷的溶质溶于水时会与水分子形成氢键，溶质所带的电荷越多则形成氢键的能力越强，水溶性也越强，因此通过 BBB 的能力也越差。例如，肾上腺素和去甲肾上腺素由于水溶性较强，很难通过 BBB。与血浆蛋白的结合也影响物质通过 BBB。血浆中许多化合物与可血浆蛋白结合。小分子化合物（如激素）与血浆蛋白结合后不容易透过 BBB，必须游离后才能通过屏障发挥生理效应。

2. 环境因素

BBB 的通透性也受到多种环境因素的调节，例如高温、电离辐射等会使 BBB 通透性增加，造成脑水肿、脑细胞损伤；较高的渗透压也会导致 BBB 开放。

四、BBB 功能障碍与疾病

BBB 功能障碍的发生与许多因素有关，如遗传因素、高血压、环境和生活方式等。此外，血源性神经毒性蛋白或铁的局部累积，以及神经退行性相关蛋白清除减少都会引起 BBB 功能障碍。BBB 功能障碍与许多神经系统疾病的发生、发展密切相关[3]。血脑屏障障碍可引起离子失调，改变信号动态平衡，促进免疫分子和免疫细胞进入中枢神经系统，进而导致神经功能障碍和变性的发生，因此被认为是多种神经系统疾病进展的重要特征。

（一）阿尔茨海默病

与健康人群相比，阿尔茨海默病（Alzheimer disease，AD）患者的 BBB 渗漏更多，表明在 AD 早期，BBB 的通透性增加可能是引起 AD 发生的一项关键因素。在 AD 中，沿大脑血管系统沉积的 β-淀粉样蛋白（Aβ）会导致一种称为脑淀粉样血管病（cerebral amyloid angiopathy，CAA）的疾病，从而损害 BBB 的功能并加速认知退化。载脂蛋白 E4（apolipoprotein E4，ApoE4）是 CAA 的最强危险因素[4]。约 25% 的人有 ApoE 基因的 ApoE4 变体，这使得他们患 AD 的风险大大增加。几乎所有 AD 患者，甚至一些非 AD 的老年人，都有 CAA 的出现，在这种情况下，血管中的周细胞会分泌过多的 ApoE 蛋白，ApoE 会导致 Aβ 聚集在一起，增加 BBB 的通透性，削弱了 BBB 运输营养物、清除废物以及防止病原体和有害物质侵入的能力。此外，tau 蛋白的积累也可破坏 BBB 的完整性，BBB 功能障碍与血管周围 tau 蛋白的出现一致，会促进

经典实验：AD 遗传风险因素的发现

AD 的发生、发展。

（二）帕金森病

帕金森病（Parkinson disease，PD）是第二常见的神经退行性疾病，其特征是 α-突触核蛋白的积累和黑质内多巴胺能神经元的退行性变。血管疾病和血管危险因素加重 PD 患者的运动功能障碍和认知功能障碍。研究表明，与健康对照组相比，PD 患者的 BBB 渗漏增多。另外，在 PD 患者的脑组织中发现可以透过 BBB 清除 Aβ 的 p- 糖蛋白活性显著降低，表明 BBB 功能障碍。

（三）多发性硬化

中枢神经系统炎症性疾病，如多发性硬化（multiple sclerosis，MS），BBB 遭受破坏诱发组织水肿，致使血浆中兴奋性毒性蛋白和炎性细胞进入脑细胞间质，是病变发生和发展的重要机制之一。例如，在模拟 MS 的自身免疫性脑炎实验模型中，胸苷磷酸化酶（thymidine phosphorylase，TYMP）和血管内皮生长因子 A（vascular endothelial growth factor A，VEGFA）聚集在反应性星形胶质细胞中，相互作用促进 BBB 的通透性增加，加速疾病的进展。

第三节　肠道屏障

肠道屏障是指能够分隔肠腔内物质，防止肠内有害物质透过肠黏膜进入人体其他组织、器官和血液循环的结构和功能的总和，主要包括肠黏液屏障、肠上皮屏障和肠上皮-间质屏障。多种因素可影响肠道屏障的功能，其中肠道菌群对肠道屏障具有重要影响。肠道菌群失调可破坏肠道屏障，引发机体出现多种疾病。通过膳食调节等方法可重塑肠道菌群稳态，维护肠道屏障功能。

一、肠道屏障的结构

（一）肠黏液屏障的组成

肠道黏液是存在于哺乳动物肠道上皮细胞表面的一层保护性水合凝胶样物质，位于肠道屏障的最外层。肠道黏液主要由杯状细胞分泌的黏蛋白 2（mucoprotein 2，MUC2）组成，其次还包括细胞碎片、电解质、分泌性免疫球蛋白 A（secretory immunoglobulin A，sIgA）和促进致病菌清除的抗菌肽等。位于消化系统不同部位的黏液层存在差别，自小肠至大肠逐渐增厚。小肠黏液仅有一层，不易黏附，这是由于小肠的主要功能是吸收营养物质，而较厚的黏液层不利于营养物质的摄取。大肠黏液分为两层，其中外层黏液较厚且较为疏松，这里也是大量肠道微生物主要定植的部位；内层黏液较薄且相对更致密，与肠上皮细胞连接紧密，微生物数量大量减少。

（二）肠上皮屏障的组成

肠上皮主要为单层柱状，由位于肠隐窝基底部的干细胞分化而来的多种不同类型的特异性细胞所构成，主要包括：肠上皮细胞、杯状细胞、潘氏细胞、M细胞、化学感应簇细胞和肠内分泌细胞。这些相邻细胞之间依赖于细胞间连接，包括紧密连接、黏附连接、桥粒和缝隙连接，在细胞顶端和基底外侧间室之间形成具有选择性的半透性屏障，以维持肠上皮屏障的完整性。

（三）肠上皮-间质屏障的组成

肠上皮-间质屏障主要包括由多种不同类型细胞组成的肠道上皮细胞层屏障及包含多种免疫细胞的肠间质细胞层，在调节免疫细胞引起的肠道局部稳态和炎症反应中具有重要作用。肠免疫细胞在肠相关淋巴结、肠固有层和肠上皮细胞中均有分布。肠相关淋巴结内包含大量可产生IgA的B细胞，而肠固有层和肠上皮细胞则拥有体内最大的淋巴细胞和髓系细胞池。此外，肠上皮细胞和间质细胞能够通过多种方式引导免疫细胞进入肠黏膜并在其中活动。这两种细胞都参与了肠道内主要的免疫调节过程，都能够通过影响组织中免疫和非免疫细胞的复杂信号来调节它们的环境；同时，这两种细胞都能对环境免疫信号做出响应，并调节它们自身固有的功能。

二、肠道屏障的功能

（一）肠黏液屏障的功能

肠道黏液屏障包括物理屏障、化学屏障和生物屏障，是抵御外部致病菌侵袭和内毒素扩散的最大屏障，也是机体固有防御机制的第一道防线。肠道黏液与肠腔内的消化液、抗菌肽和sIgA等组成了肠道化学屏障，可限制到达宿主上皮细胞的细菌数量，从而保护肠黏膜不受微生物的破坏及酸碱侵蚀。此外，肠道黏液在脱落过程中还可将一些致病菌及废物排出体外。肠道黏液还可发挥物理屏障的作用，将肠道微生物与肠黏膜分开，避免肠道细菌与肠上皮细胞直接接触，维持肠道内环境的稳态与健康。肠道黏液还与其表面寄居的肠道微生物一起构成了肠道生物屏障，这些肠道微生物可通过竞争营养物质及附着点，分泌抗菌物质等帮助宿主对抗病原体，促进宿主肠道病原体的清除，防止致病菌引起宿主感染。肠道黏液屏障的完整性对保持机体内环境稳定、维持机体的正常生命活动具有重要意义。

（二）肠上皮屏障的功能

肠上皮屏障由不同类型的细胞组成，这些细胞在维护肠道屏障完整性和机体健康方面发挥不同的作用。肠上皮细胞也叫做吸收细胞，主要负责营养物质经上皮输送。相邻的吸收细胞顶部存在完整的紧密连接，可阻止肠腔内的物质经细胞间隙进入肠内组织和循环系统，保证有选择性地吸收营养物质。每个肠吸收细胞的表面还有2000～3000根肠绒毛，使吸收细胞游离面面积扩大近20倍。肠绒毛表面有一层细胞衣，含有多种消化酶，是食物消化的重要部位。

杯状细胞散在于吸收细胞之间，从十二指肠到回肠末端其数量逐渐增多，可产生黏液，对肠道具有润滑和保护作用。潘氏细胞（Paneth cell）位于肠腺的底部，在回肠部数量较多，能够分泌溶菌酶和抗菌肽，溶解肠道细菌的细胞壁，因此具有一定的灭菌和抵御病原菌侵袭的作用。

M细胞（membranous/microfold cell）是一类扁平细胞，散布于肠上皮细胞之间，并与各种淋巴细胞紧密接触，可提呈肠腔表面的病原体，并转运到上皮下的淋巴组织，从而诱导黏膜免疫应答或免疫耐受。

簇细胞（tuft cell）是一类顶端有刷状微绒毛的细胞，因此也叫做刷细胞，对化学变化较为敏感，通常在肠道和呼吸道中。肠道化学感应簇细胞在监测病原体感染和建立有效的免疫应答方面发挥重要作用。当肠道发生寄生虫感染时，肠簇细胞数量增加且通过释放白细胞介素-25（IL-25）激活2型固有淋巴细胞（ILC2s），并促进IL-13的表达，进而诱导2型免疫应答，抑制病原菌感染[5]。

肠内分泌细胞是指肠腔内在化学物质刺激下或在其他因子的作用下能够分泌颗粒释放肽类和（或）胺类激素的一类细胞，包括能够分泌胃泌素的G细胞、分泌缩胆囊素–促胰液素的I细胞和分泌生长抑素的D细胞等。肠内分泌细胞是肠道菌群代谢产物的关键感受器，可识别病原体相关分子模式（pathogen-associated molecular patterns，PAMP）并释放细胞因子及肽类激素，直接影响肠道屏障功能。这些细胞之间通过细胞黏附分子相互连接，形成了一个具有选择性的半透性屏障，构成了维持肠道上皮的机械屏障，对调节肠道通透性和细胞间物质交换具有重要作用。

（三）肠上皮–间质屏障的功能

1. 调节免疫稳态

肠道菌群、饮食因素等均可影响处于屏障内的免疫细胞的定位及活化状态。正常状态下，肠道免疫细胞，如迁移性 T 细胞位于肠固有层中，不与食物抗原发生反应；而当致病菌进入肠上皮后，肠上皮细胞可通过 Toll 样受体等途径感知肠道微生物，并通过释放细胞因子激活 T 细胞并募集至上皮细胞层，以抵抗致病菌的侵袭，从而使肠道微生物和食物抗原界面保持稳定的免疫状态[6]。

2. 促进杯状细胞分化和肠黏液的分泌

杯状细胞可分泌保护性的凝胶黏液维持肠道稳态，分泌肠道黏液蛋白 MUC2 的细胞减少将会削弱肠道屏障的防御功能，导致结肠炎和肠道肿瘤等疾病的发生。与 1 型免疫应答相关的慢性炎症可导致杯状细胞的数量和活性降低，而针对寄生虫感染和变应原的 2 型免疫应答则能够诱导杯状细胞分泌更多的黏液。当发生致病菌感染时，免疫细胞可分泌 IL-22，进而促进上皮细胞分泌 IL-18，促进肠道杯状细胞的分化和肠黏液的分泌，促进对病原菌的清除，保护肠道屏障功能。

总之，肠上皮细胞可将肠道内的改变传递给肠道免疫细胞，这些免疫细胞或聚集在肠道相关淋巴组织中，或遍布肠道固有层和被覆上皮，它们可增强肠道紧密连接，促进杯状细胞的分化和肠道黏液的分泌，是抗病原菌侵袭和促进肠上皮细胞修复的关键因素。

三、肠道屏障的损伤

肠道屏障可以因结构和功能受到损害，从而引起一系列病理生理的变化。比如机体在受到烧伤或严重创伤后引起机体的缺血–再灌注损伤，产生过量的氧自由基，从而导致细胞功能障碍，损伤肠道黏膜。同样，在因创伤或全身性疾病诱发的应激状态下，机体的各种神经、免疫和内分泌机制作用于肠上皮，释放大量细胞因子，如肿瘤坏死因子-α（TNF-α）及白细胞介素（IL）等。TNF-α 通过紧密连接破坏上皮屏障功能，同时也促进上皮细胞凋亡，并诱导肌球蛋白轻链激酶（MLCK）等紧密连接调节蛋白的表达，从而导致肠道屏障的损伤。机体营养不良可引起淋巴细胞减少、免疫球蛋白水平下降、巨噬细胞功能不良等，从而影响肠道的免疫屏障功能。大量广谱抗生素的使用可造成肠道菌群紊乱，导致肠道的生物屏障作用减弱。此外，各种原因诱导肠道上皮细胞凋亡的增加，也是损害肠道屏障的重要原因。

肠道屏障损伤的后果就是细菌易位和内毒素血症。大肠内的一些致病菌可易位到小肠或者跨过肠黏膜进入肠系膜淋巴结和门静脉，导致严重的全身性生理功能紊乱，包括炎症性肠病、乳糜泻、1 型糖尿病、2 型糖尿病和川崎病。另外，肠内细菌大量繁殖产生的毒素进入门静脉内，易引发内毒素血症，从而损伤各种脏器，诱导机体发生呼吸窘迫综合征和弥漫性血管内凝血，甚至发生多脏器功能衰竭。

四、肠道黏膜屏障的修复

肠道黏膜在发生急性损伤后，机体主要有3种机制对黏膜上皮细胞的连续性和正常的通透性进行修复。

（一）绒毛收缩

肠绒毛内含有1～2条纵行的毛细淋巴管，称为中央乳糜管，周围有丰富的毛细血管网及纵行排列的平滑肌纤维。肠绒毛内平滑肌的收缩可使其产生伸缩运动，以促进营养物质的吸收和运行。当平滑肌收缩时，肠绒毛缩短，中央乳糜管和毛细血管受到压挤，促使淋巴与血液自肠绒毛流出，进入黏膜下层的淋巴管和血管。当平滑肌松弛时，肠绒毛又向肠腔伸展，使肠绒毛与肠腔中的食糜充分接触，有利于吸收营养，肠绒毛如此不断伸缩以推动淋巴与血液的运行。在小肠黏膜组织，绒毛收缩通过减少裸露基底膜的表面积来恢复黏膜的屏障功能，但裸露的空隙仍需要上皮细胞的移位来进一步封闭。

（二）上皮重建

当上皮细胞连续性受到破坏后，细胞在损伤后数分钟内收缩伤口，细胞膜的突起部分延伸，跨过损伤的上皮，一些黏膜细胞因子、细胞外基质分子及三叶肽等可促进损伤后肠上皮细胞从邻近损伤的表面向缺损部位移行，进而封闭暴露的基底膜，保持肠上皮的连续性，这种修复反应称为上皮重建。它不依赖于细胞再生，但需要剩余上皮细胞高度协调的应答反应。

（三）关闭上皮细胞的紧密连接

细胞间连接主要包括紧密连接（tight junction）、黏附连接（adhesion junction）、缝隙连接（gap junction）及桥粒等。紧密连接的修复是肠黏膜屏障功能恢复的首要因素，关闭紧密连接的机制包括恢复细胞侧膜顶部的紧密连接蛋白和关闭细胞下部的细胞间隙。除了紧密连接蛋白外，细胞间的紧密连接还依靠钙黏蛋白-链蛋白复合体（由钙黏蛋白、β-链蛋白和α-链蛋白组成）将上皮细胞间的空隙封闭，从而恢复肠黏膜屏障功能。

紧密连接对维持肠黏膜屏障的机械结构完整性和正常功能发挥起重要作用。紧密连接上有很多种蛋白，occludin蛋白则是紧密连接中最重要的结构蛋白，能通过外环以拉链式结合进而产生严密的细胞旁封闭。当肠道黏膜受损时，细菌毒素可诱导机体产生大量的TNF-α，并进一步诱导肌球蛋白轻链激酶（myosin light-chain kinase，MLCK）的表达和聚集，从而影响紧密连接蛋白 occludin 的表达。因此，MLCK 可以作为治疗肠道黏膜屏障功能障碍的潜在治疗靶点，Graham 等筛选出了一个小分子药物 Divertin，可针对性地结合 MLCK1 的一个结构域，从而抑制 MLCK 的功能，恢复 occludin 蛋白的表达，修复受损的肠道黏膜屏障。

五、肠道屏障与人类疾病

诺贝尔生物及医学奖获得者乔舒亚·莱德伯格曾提出："任何动物是与其共生的微生物构成的超级生物体。"人体内的微生物主要包括细菌、病毒、真菌和古生菌，这些微生物主要寄居在肠道，与人体互利共生。在肠道微生物中肠道细菌的数量最多，约占微生物总数的 99%，主要包括拟杆菌门、厚壁菌门、放线菌门、变形菌门和疣微菌门等，其中拟杆菌门和厚壁菌门为肠道内的优势菌群。肠道菌群参与机体消化，促进宿主能量吸收和免疫系统的成熟，并塑造肠道上皮屏障，抵御病原体的入侵。在健康状态下，肠道共生菌和致病菌处于一种平衡状态中，与机体免疫和代谢过程相互作用以维持肠道稳态。当饮食结构改变、抗生素滥用、压力状态等情况发生时会改变肠道菌群的组成和结构，打破肠道菌群的平衡状态，破坏肠道的屏障功能，这与炎症性肠病、乳糜泻、糖尿病和川崎病等多种疾病的发生与发展密切相关。

（一）炎症性肠病

炎症性肠病（inflammatory bowel diseases，IBD）是一种非特异性的慢性肠道炎症性疾病，分为溃疡性结肠炎（ulcerative colitis，UC）和克罗恩病（Crohn disease，CD）两种亚型，常表现为腹痛、腹泻、血便、体重减轻等，易反复发作且有潜在的癌变风险。随着工业社会的发展和西式饮食习惯的影响，IBD 的发病率在全球范围内明显上升。多项证据表明，IBD 是由改变肠道稳态的遗传和环境因素共同引起的，在基因易感个体中触发免疫所介导的炎症反应。肠道菌群在 IBD 不断发展迁延的过程中发挥了重要作用。动物研究发现，基因易感小鼠在常规微生物群的作用下会患上结肠炎，但在无菌条件下则不会。在临床研究中也发现，IBD 患者的肠道菌群处于失调状态，其特征是菌群多样性减少和菌群种类的改变，主要表现为一些特定种属的厚壁菌门的改变（如毛螺菌属丰度降低，芽胞杆菌丰度增加，拟杆菌门丰度降低和肠杆菌丰度增加），且这些改变在 CD 患者中比 UC 患者中更为明显[7]。目前认为与 IBD 关系较为密切的细菌为具核梭杆菌、大肠埃希菌和金黄色葡萄球菌等，这些细菌可扰乱肠上皮黏液素的分泌、降解肠道黏蛋白，破坏肠黏膜的保护屏障，并诱导肠道内 TNF-α 和 IL-8 等炎性因子的产生及炎性细胞的聚集，促进肠道内的炎症反应。基于肠道菌群的微生物疗法对 IBD 的治疗具有重要作用，目前粪菌移植已经在 UC 患者中取得了较好的治疗效果。此外，膳食干预、益生菌治疗等方法可以促进黏膜愈合、肠道屏障功能恢复和控制异常免疫反应，这将有助于 IBD 个体化治疗的发展。

（二）乳糜泻

乳糜泻（celiac disease，CeD）是一种发生在具有遗传易感性个体中，因饮食中摄入麸质蛋白引起肠道自身免疫损伤而导致的自身免疫性肠病，可引起小肠黏膜上皮内细胞浸润、隐窝增生及绒毛萎缩等病理改变。除了基因突变和长期的麸质摄入，肠道菌群也可影响 CeD 的发生与发展。临床研究发现，CeD 患者的肠道菌群特征与正常人存在显著差异，相对于健康对照组，CeD 患者粪便菌群整体多样性显著增高，而双歧杆菌属多样性减低，普氏菌属、阿克曼菌属丰度下降。CeD 患者的主要病变受累部位在十二指肠，对十二指肠的黏膜菌群分析发现，CeD 患者的十二指肠以革兰氏阴性菌为主，含有更多的促炎细菌，变形菌门及其菌属丰度升高，双歧杆菌属/奈瑟菌属比例降低。此外，CeD 患者的肠道菌群代谢组与健康对照组之间存在显著差异，无论是否进行无麸质饮食，CeD 患者粪便内的丙酸含量始终高于健康对照组，这可能是肠道内产丙酸盐的菌属增高所致。

麸质蛋白是影响 CeD 的主要环境因素，而肠道菌群在麸质的代谢过程中发挥重要作用。不同种类的肠道菌群可表现为不同的代谢模式，将来自 CeD 患者的肠道铜绿假单胞菌定植于无菌小鼠体内，能够促进麸质片段通过肠道屏障进入肠固有层诱导自身免疫反应的产生，且经铜绿假单胞菌修饰的麸质蛋白肽能够诱发更为强烈的免疫反应。相反，来自健康个体的肠道乳酸杆菌可以进一步降解经铜绿假单胞菌修饰的肽段，并减轻其诱导的炎症反应[8]。肠道屏障的完整性能够阻止未经消化的麸质蛋白肽段（主要为醇溶蛋白肽段）进入固有层，诱导自身免疫反应的产生。而某些致病菌能够通过损伤肠道屏障结构和功能，增加肠道屏障的通透性，促进麸质蛋白肽段与肠道免疫细胞的相互作用。基于肠道菌群的微生态疗法在 CeD 中有巨大潜力，在以后的临床工作中有希望通过益生菌、益生元及粪菌移植等微生态疗法调控肠道菌群来预防及治疗 CeD。

（三）2 型糖尿病

2 型糖尿病（diabetes mellitus type 2，T2DM）是一种由遗传因素和环境因素共同作用导致的以胰岛素分泌不足或胰岛素抵抗为主要特征的代谢性疾病。T2DM 患者普遍存在肠道菌群失衡的情况，主要表现为大肠埃希菌、拟杆菌等条件致病菌的水平比健康个体略高，而阿克曼菌、罗氏菌属、乳酸杆菌和双歧杆菌等益生菌的丰度明显降低，这些肠道细菌参与机体短链脂肪酸（SCFAs）的产生和胆汁酸代谢过程。随着SCFAs产生菌数量的减少，T2DM患者体内SCFAs水平降低，一方面可影响肠上皮细胞的增殖及肠道抗炎反应能力，削弱肠道屏障功能；另一方面使SCFAs受体的激活水平下降，继而使宿主的胰岛细胞功能受损，胰岛素的敏感性降低，胰岛素抵抗出现。随着胆汁酸代谢谱的改变，T2DM患者的肠道屏障防御功能被削弱，胰岛素敏感性进一步下降，进而影响糖脂代谢，导致T2DM的产生。T2DM的高血糖环境也可降低肠上皮细胞间紧密连接蛋白的表达，加速肠道屏障的破坏。除了肠道菌群结构和丰度的变化，T2DM患者体内还存在菌群易位的现象，T2DM患者血液内的肠道活菌检出率显著高于正常对照组，说明肠道菌群可能通过被破坏的肠道屏障进入了血液循环，进而引起T2DM患者全身性的慢性炎症反应。肠道屏障功能的减退与T2DM相互促进，可尝试通过改变出生环境、使用益生菌或益生元以及调整饮食等方式优化肠道菌群的组成，进而改善肠道屏障环境、糖脂代谢紊乱及胰岛素抵抗状态，并减少T2DM的发病。

（四）川崎病

川崎病（Kawasaki disease，KD）又称黏膜皮肤淋巴结综合征，是一种以多系统血管炎为特征的急性、发热性疾病，主要侵犯人体中小型肌肉动脉血管，特别是冠状动脉，多发于5岁以下的儿童，也被认为是儿童获得性心脏病的主要原因。KD的发病机制仍不明确，但免疫功能紊乱被认为是KD发病的一个重要因素。多项证据表明，肠道菌群可能通过影响肠道屏障功能和机体免疫稳态参与KD的进展。与健康个体相比，KD患儿存在明显的肠道菌群紊乱，多表现为肠道乳酸杆菌属、梭菌属和韦荣球菌属丰度减少，以及拟杆菌属、肠球菌属和副杆菌属丰度增加。另有研究发现，患儿空肠黏膜中存在可产生热休克蛋白和超抗原的肠道细菌，可促进促炎性细胞因子和炎性细胞的过度扩增，引发超免疫反应。KD患者及KD动物模型中均可观察到肠黏膜屏障的完整性被破坏，肠道通透性增加及sIgA水平升高。KD小鼠的血管组织和肾脏中可出现IgA-C3免疫复合物的沉积，且IgA水平升高能够促进冠状血管炎和腹主动脉扩张，而抑制肠道通透性或IgA的产生能够缓解KD小鼠的脉管炎。因此，通过改变肠道菌群改善肠道屏障功能可能成为治疗KD的新靶点。

六、膳食成分对肠道菌群及肠道屏障的影响

与人体自身的基因组相比，肠道菌群的结构和功能更具有可调节性。

作为人体内的寄居者，肠道菌群的结构和功能受到机体多种因素的影响，其中饮食是影响肠道菌群最重要的因素之一，对肠道pH、肠道菌群的组成和丰度以及肠道屏障功能均有显著影响。当饮食发生巨大变化时，人体肠道菌群能够做出迅速响应。

西式饮食方式可促进某些肠道炎症性侵袭性致病菌（如大肠埃希菌）的过度生长，抑制某些益生菌的生长，进而导致肠道屏障功能受损。如长期食用高脂饮食可使肠道菌群失调，并降低小鼠肠道杯状细胞内MUC2的水平和分泌数量，使位于肠上皮表面的黏液层变薄，进而削弱了肠屏障的保护作用。此外，高脂饮食可在很大程度上通过降低编码肠紧密连接相关蛋白的基因表达使肠道通透性增高，肠道屏障的完整性遭到破坏。此外，长期高脂饮食还可提高基底隐窝处的肠干细胞和祖细胞发展成为肿瘤的潜能。西式饮食引起的以肠道菌群为主的肠道屏障的破坏还会进一步促进产内毒素的革兰氏阴性菌及其有害代谢物进入循环系统，引起全身性的炎症反应，造成多个靶器官的损伤。红肉经肠道微生物的降解和肝脏的加工可产生氧化三甲胺（trimethylamine oxide，TMAO），TMAO可通过被破坏的肠道屏障进入循环系统，在心脏、肾脏、肝脏等器官积累，促进血小板聚集，增加泡沫细胞的形成，诱导炎症反应，减少反向胆固醇的运输，进而引起心血管疾病，如动脉粥样硬化、心力衰竭。

科学小知识——如何保护肠黏膜？

经典实验——致死性结肠炎的形成

相比于西式饮食，低糖、低脂和高纤维类的食物可促进肠道益生菌的生长，增加有益代谢物的水平，保护肠道屏障，有益于机体健康。如水果蔬菜等高纤维食物在结肠内经肠道菌群发酵后可产生易被机体吸收的SCFAs，主要包括乙酸、丙酸和丁酸。一方面，SCFAs可作为结肠黏膜上皮细胞的主要能量来源，另一方面，SCFAs可酸化肠道环境，使肠道pH适合有益菌生长而抑制侵袭性致病菌的生长，从而保护肠黏膜屏障，防止细菌易位。蓝莓、石榴和树莓等浆果类植物中富含膳食多酚，经肠道细菌分解后，其代谢物可通过激活肠上皮细胞表面的芳香烃受体（aryl hydrocarbon receptor，AhR），增加上皮紧密连接蛋白的表达，增强肠道屏障功能。

第四节　呼吸系统屏障

机体与外界环境之间的气体交换过程称为呼吸，而执行机体与环境之间气体交换的器官总称为呼吸系统，传统形态学意义上的呼吸系统由呼吸道和肺组成。人体的呼吸系统每天要处理大约 10 000 L 空气，这意味着空气中的无害物质与有害物质包括细菌与病毒都将与呼吸系统接触[9]。为了保护机体稳态，抵御吸入空气中的有害物质，呼吸系统具有一定的滤过、防御、代谢功能。呼吸道和肺共同构成了呼吸系统的屏障结构，虽然呼吸道与肺的屏障功能存在一定的差别，但它们缺一不可，是呼吸系统屏障抵御外界环境、维持自身稳态的基础。

呼吸系统的组成

一、呼吸系统屏障的结构

（一）呼吸道黏液-纤毛转运系统

气道黏膜由上皮和固有层组成，其中纤毛细胞数量最多，呈柱状，游离面有密集的纤毛。正常生理状态下，纤毛频向咽部方向摆动，将黏液及附于其上的尘埃、细菌等推向咽部咳出，净化吸入的空气；杯状细胞数量也较多，散布于纤毛细胞间，其分泌的黏蛋白的分泌物共同在上皮表面形成黏液性屏障，可黏附溶解吸入空气中的尘埃颗粒、细菌和其他有害物质。其中黏液与纤毛上皮细胞的纤毛协同运动，构成黏液–纤毛转运系统。上皮细胞表面的黏液毯可分为两层，下层为浆液层，厚约 5 μm；上层为凝胶层，厚约 2 μm，黏稠似固体，浮于浆液层上。纤毛浸浴在浆液中，其顶端穿过浆液层达到凝胶层的底部。

相邻上皮细胞的纤毛协同而有节奏地摆动，频率可达 17 Hz。纤毛摆动时，其顶端能将上面的凝胶层连同附着在其中的异物颗粒推向喉部。纤毛每次摆动可移动黏液层达 16 μm，支气管的黏液毯移动速度可达 20 mm/min。肺泡和呼吸性细支气管的上皮没有纤毛，但其表面液层与支气管内黏液相连，因此支气管内纤毛摆动也可将肺泡内液层及其表面的颗粒一同排出。所以黏液–纤毛转运系统是呼吸系统清除外来异物颗粒，防止呼吸道感染的重要屏障之一。

（二）气-血屏障

肺泡腔内的 O_2 与肺泡隔毛细血管内血液携带的 CO_2 之间进行气体交换所通过的结构，称为气–血屏障。它由肺泡表面液体层、Ⅰ型肺泡上皮细胞、上皮细胞基膜、薄层结缔组织、毛细血管基膜与毛细血管内皮细胞构成（图 1-2）。但多数部位的两层基膜之间没有结缔组织成分，肺泡上皮细胞基膜和毛细血管基膜相贴而融合。气–血屏障厚度一般为 0.2～0.6 μm。肺换气过程中，肺毛细血管内血液的气体分压发生变化。当静脉血流经肺毛细血管时，肺泡气中 O_2 便在分压差的作用下向血液发生净弥散；而 CO_2 则向相反方向发生净弥散，即从血液进入肺泡，很快血液与肺泡气的氧分压和 CO_2 分压达到新的平衡。气–血屏障除了参与气体交换外,还具有一定的屏障功能,以抵御外界空气中有害物质进入血液,维持呼吸系统的稳态。

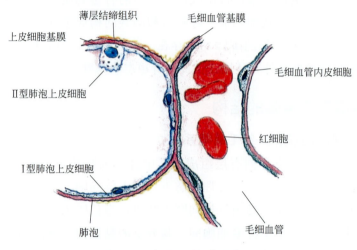

图 1-2　气–血屏障示意图

1. 气–血屏障中肺泡上皮细胞的作用

肺泡上皮细胞包括Ⅰ型和Ⅱ型肺泡细胞。

（1）Ⅰ型肺泡细胞:细胞扁平,又称扁平细胞。细胞含核部分较厚,并向肺泡腔内突出;无核部分胞质菲薄,仅厚约 0.2 μm。电镜下,胞质内细胞器不发达,但可见较多的吞饮小泡,小泡内含有表面活性物质和细胞吞入的微小尘埃。相邻Ⅰ型肺泡细胞之间或与Ⅱ型肺泡细胞之间有紧密连接,可防止组织液渗入肺泡腔。Ⅰ型肺泡细胞在肺泡上皮细胞数量中约占 25%,但由于胞体薄而大,超过 95% 的肺泡表面均被其覆盖,是负责气–血屏障中肺换气的主要部位。

（2）Ⅱ型肺泡细胞:细胞呈圆形或立方形,顶端突入细胞腔。细胞核呈圆形,核质着色浅,呈泡沫状。电镜下,Ⅱ型肺泡细胞游离面有短小的微绒毛,胞质内有较发达的粗面 ER、高尔基复合体、线粒体等细胞器,核上方还可见高电子密度的分泌颗粒,故又称分泌细胞。分泌颗粒内含有肺表面活性物质,在将其通过胞吐作用释放后,可在肺泡上皮表面形成一层薄膜,并降低肺泡表面张力,减少吸气时肺扩张的阻力,稳定肺泡大小以及防止肺水肿等,对呼吸运动至关重要。表面活性物质也是血–气屏障中液体层的主要成分。表面活性物质过多或过少都会对机体呼吸系统的正常运行产生影响。此外,Ⅱ型肺泡细胞还具有分裂、增殖并分化为Ⅰ型肺泡细胞的潜能。

2. 气-血屏障中肺毛细血管的作用

（1）肺毛细血管的滤过功能：肺循环有丰富的毛细血管网，毛细血管的内径为 4～5 μm，红细胞和白细胞一般需要变形才能通过。因此，血液中含有的微血栓、大分子蛋白、细菌等形成的微聚物都会被毛细血管截留，以免进入体循环给心、脑、肾等重要器官造成危害。由于毛细血管有极丰富的交通吻合支，一般情况下微栓子在毛细血管中很少因阻塞而引起肺循环障碍。肺还具有强大的吞噬、清除微聚物、细菌或大分子蛋白的作用，被阻塞部位可见白细胞聚集，吸引巨噬细胞，使阻塞的微聚物很容易被清除和降解。肺毛细血管具有丰富的纤溶酶原激活物，可激活纤溶酶原生成纤溶酶，清除微血栓以及多种蛋白质微聚物。此外，肺组织中还含有丰富且具有强大抗凝作用的肝素，可促进肺内血栓的迅速清除。

（2）肺毛细血管内皮细胞的代谢功能：肺毛细血管内皮细胞可以激活内源性生物活性物质，例如血管紧张素 I 在血管紧张素转化酶的作用下，转化成血管紧张素 II。一般内皮细胞均含有血管紧张素转化酶，其在肺毛细血管内皮细胞的含量特别丰富，肺是体内血管紧张素 II 生成的主要场所。而血管紧张素 II 对外周及肺血管都有很强的缩血管作用，是维持血管紧张度的重要肽类激素。

肺毛细血管内皮细胞也可合成、释放多种生物活性物质，如前列环素、5-羟色胺、组胺等。肺还可合成、释放一氧化氮（NO）、一氧化碳（CO）和硫化氢（H_2S）三种气体信号分子。调节以上这些物质在组织内的正常水平都对呼吸系统稳态的维持具有至关重要的作用。例如，一氧化氮合酶（nitric oxide synthase，NOS）催化 L-精氨酸（L-arg）产生 NO。而肺内 NOS 有结构型 NOS（cNOS）和诱导型 NOS（iNOS）两种亚型。由 cNOS 激活局部产生很小量的 NO，可以调节肺血管平滑肌的舒张，改善肺局部通气/血流比值，还可以防止血小板凝聚，参与肺的宿主防御和免疫反应。而由 iNOS 产生的高浓度 NO 则具有细胞毒性，可参与介导多种病理过程。

血液流经肺时，肺毛细血管内皮细胞还可以摄取、代谢、灭活内源性生物活性物质，如 5-羟色胺、去甲肾上腺素、缓激肽、内皮素、前列腺素 D_2（PGD_2）、前列腺素 E_2（PGE_2）、前列腺素 $F_{2\alpha}$（$PGF_{2\alpha}$）、白三烯、腺苷、ATP、ADP 和 AMP 等。而肺血管内皮功能受损可导致血液中上述物质的浓度升高，对机体产生一系列的影响。例如，由肺血管内皮功能受损所引起的循环血液中 5-羟色胺浓度升高，可使血管与支气管收缩，毛细血管通透性增加，进而参与肺动脉高压、阻塞性肺疾病、高血压以及内毒素休克的发生、发展过程。

二、呼吸系统屏障的功能

（一）加温、加湿吸入空气

呼吸道是一条温暖湿润的狭长的管道，外界气体进入肺内进行气体交换都需要经过呼吸道，当吸入的空气较冷时，空气通过呼吸道可以被温润至体温温度，其湿度也可以达到饱和，从而避免寒冷干燥的空气损伤肺和保证肺泡在体温条件下进行气体交换。若肺泡或肺毛细血管内温度低于体温，则可因气体溶解度增高而在血液内溶解较多的气体。然而，当这些溶解较多气体的血液进入其他组织而被升温时，可因气体溶解度降低导致气体释放，在血管内形成气泡，引起气体栓塞。鼻甲、口咽部黏膜表面积比较大，血液供应较为丰富，因此，在吸入空气的加温湿润中起重要作用。例如气管内插管或气管切开的患者，吸入气体没有经过口咽、鼻腔加温、加湿，若长期不加以注意，则可引起呼吸道上皮和纤毛的干燥与损伤。

（二）过滤、清洁吸入的气体

呼吸道具有一定的过滤和清洁功能，可阻挡和清除随空气进入呼吸道的颗粒、异物，使进入肺泡的气体几乎清洁无菌。在鼻腔，通过鼻毛阻挡和鼻甲表面黏液的吸附，可清除直径＞ 10 μm 的颗粒。直径为 2～10 μm 的颗粒可通过鼻腔进入下呼吸道，沉积黏附于气管、支气管和细支气管壁表面的黏液上，并经纤毛运动、喷嚏和咳嗽向外排出。尽管直径＜ 2 μm 的吸入颗粒可以到达呼吸性细支气管、肺泡管和肺泡，但其中 80% 的直径＜ 0.5 μm 的颗粒又随呼出气排至体外。沉积于肺泡的颗粒可被常驻的肺泡巨噬细胞吞噬，或随覆盖于肺泡内表面的液体进入终末细支气管，通过黏液-纤毛转运系统排出体外。巨噬细胞吞噬吸入的颗粒和细菌后，带着吞噬物向上游走到细支气管壁上的黏液层，随黏液排出。

（三）防御性呼吸反射

防御性呼吸反射是指调节呼吸活动以清除异物，防止其进入肺泡，维护呼吸系统稳态，主要包括咳嗽反射和喷嚏反射。咳嗽反射是很常见的重要防御性呼吸反射。咳嗽反射的感受器位于喉、气管和支气管的黏膜。主支气管以上部位的感受器对机械刺激敏感，二级支气管以下部位对化学刺激敏感。传入冲动经迷走神经传入延髓，然后经传出神经到声门和呼吸肌等处，引起一系列协调而有次序的动作，触发咳嗽反射气体由肺内高速冲出，将呼吸道内的异物或分泌物等排出。喷嚏反射的感受器位于鼻黏膜。当鼻黏膜受到机械或化学刺激时，传入冲动经三叉神经传入延髓，触发喷嚏反射。当急速的气流从鼻腔中喷出时，可将鼻腔中的异物或过多的分泌物排出。

（四）免疫功能

呼吸系统是遭受外界微生物病原体攻击最多的系统之一，它通过固有免疫和适应性免疫维持系统功能稳定。呼吸系统的固有免疫组分包括可以起到物理屏障、化学屏障和微生物屏障作用的呼吸道黏膜屏障；巨噬细胞、树突状细胞、中性粒细胞、NK 细胞、γδT 细胞、肥大细胞等固有免疫细胞，以及抗菌肽及酶类物质等固有免疫分子，它们共同发挥防御病原体侵入的作用。适应性免疫是个体出生后通过与抗原物质接触所产生的一系列防御能力，具有抗原特异性和免疫记忆，包括 T 细胞介导的细胞免疫应答和 B 细胞介导的体液免疫应答。呼吸道黏液纤毛系统的清除、黏膜屏障的阻拦、吞噬细胞的吞噬等固有免疫防御功能可消除大部分侵入呼吸道的微生物、异物及其他抗原物质。尽管如此，还是有一些抗原物质未被完全降解，因此保留免疫原性且沉积在呼吸系统，尤其是肺泡上皮细胞表面，激发了适应性免疫应答。通过适应性免疫则基本可以清除侵入呼吸系统的有害物质，有效维持肺泡内的无菌状态，维持了呼吸系统的稳态[10]。

三、呼吸系统屏障功能失调与人类疾病

（一）急性肺损伤

病原菌的感染、机械创伤、氧中毒等多种原因可导致气-血屏障受损，肺上皮细胞和血管内皮细胞屏障通透性增加，而形成广泛的肺泡损伤和间质性水肿，引发肺部的急性肺损伤（acute lung injury，ALI）。肺内毛细血管内皮细胞层损伤是 ALI 中通透性肺水肿增加的主要原因。而血管内皮细胞的损伤主要有以下 3 种机制。

1. 中性粒细胞聚集与活化

不管是感染性还是非感染性肺损伤，中性粒细胞在肺微循环中大量聚集并活化后，可释放毒性介质，如大量的活性氧（reactive oxygen species，ROS）、多种蛋白酶及炎性细胞因子。中性粒细胞及其产物可以通过改变内皮细胞间连接、跨膜整合素和细胞骨架的完整性来增加血管的通透性。此外，某些损伤可能导致内皮细胞凋亡，从而导致上皮屏障完整性的进一步丧失。

2. 大量的炎症因子

一些炎症介质可直接作用于肺毛细血管上皮，导致趋化因子和细胞表面分子的表达增加，有助于包括中性粒细胞在内的白细胞的黏附，从而进一步导致炎症性肺损伤。

3. 其他机制

血小板增多可减弱肺血管内皮细胞的屏障功能；部分病原微生物或其产生的毒素可直接导致血管内皮细胞的损伤。

肺泡上皮细胞损伤的部分机制与内皮细胞损伤类似，中性粒细胞的聚集也增加了肺泡上皮细胞的通透性。而且，肺泡表面活性物质的合成与分泌异常也是引起肺泡上皮细胞损伤的因素之一，如Ⅱ型肺泡上皮细胞需要在转录激活因子-3（STAT-3）的控制下合成表面活性剂成分，如果因各种因素导致的STAT-3的缺失则会减少表面活性剂的产生并加剧ALI的发展。此外，肺泡液体清除能力下降也是重要机制之一，上皮细胞钠通道（ENaC）及钠钾泵（Na^+-K^+-ATP酶）是清除肺泡内液体最重要的通道，多种病原菌感染以及缺氧情况下都可以抑制上述通道的正常工作来降低肺泡液体清除的效率。

（二）慢性阻塞性肺疾病

正常的黏液-纤毛转运不仅要求有足够数量结构完整的纤毛，而且要求黏液具有最佳的黏弹性和厚度。浆液层过薄或缺如时，纤毛无法正常运动；浆液层过厚时，纤毛不能与凝胶层接触而无法将它推动。吸入大量干燥空气或含有有害物质的气体及感染等可引起纤毛融合、倒伏、脱落及纤毛细胞的坏死等，进而损害黏液-纤毛的清除功能。慢性阻塞性肺疾病（chronic obstructive pulmonary disease，COPD）是一组气流受限持续存在，且呈进行性发展，同时伴有有害颗粒或气体所致气道和肺慢性炎症反应增加的疾病。COPD患者的气道黏膜上皮细胞纤毛发生粘连、倒伏和脱失，加之COPD患者黏液腺肥大、增生，黏液分泌增多及黏稠度增大，使纤毛运动受损。黏液-纤毛的清除功能障碍是COPD病情进行性发展的重要因素之一。

（三）急性呼吸窘迫综合征

急性呼吸窘迫综合征（acute respiratory distress syndrome，ARDS）是指多种原因造成的肺内严重疾病或全身严重创伤，感染时出现的急性呼吸衰竭综合征，进行性呼吸窘迫和低氧血症为其临床特征。目前认为毛细血管内皮细胞损伤和肺泡上皮细胞损伤导致的肺表面活性物质的缺乏，从而引起肺顺应性降低，肺泡萎陷和肺不张、肺水肿，导致局部通气/血流比值增大，造成严重的肺内分流，这也是ARDS发生的关键。

（四）支气管哮喘

支气管哮喘是呼吸系统免疫屏障异常出现的一种慢性炎性疾病，以支气管可逆性、发作性痉挛为特征，简称哮喘。一般认为哮喘的发生与淋巴细胞、嗜酸性粒细胞、单核细胞、肥大细胞等多种细胞释放多种化学介质和细胞因子有关。变应原使 T 淋巴细胞转化为 Th1 和 Th2 淋巴细胞，其中 Th2 淋巴细胞可以释放 IL-4，IL-4 可促使 B 细胞转化为浆细胞并产生 IgE 抗体，IgE 抗体与肥大细胞、嗜碱性粒细胞表面的 IgE 受体结合，使机体处于致敏状态。当变应原再次进入机体时可引起异常的、过高的免疫应答，由致敏细胞释放的化学介质引起支气管平滑肌收缩，小血管扩张充血，黏液分泌增加，导致气道狭窄，哮喘发作[11]。

四、呼吸系统屏障的损伤与修复

呼吸系统屏障的修复机制可以简单地归纳为以下 3 种：①清除富含蛋白质的肺泡间质液，如可增强肺泡上皮细胞的钠通道及钠钾泵功能来促进肺泡内液体的清除；②降低中性粒细胞及炎症反应水平，合理地进行抗炎治疗来减轻中性粒细胞和炎症介质对上皮细胞和内皮细胞的损伤；③恢复肺泡上皮细胞及血管内皮细胞的完整性等，可通过促进肺泡上皮细胞及血管内皮细胞的再生，并修复细胞间的紧密连接来实现。

医学故事：正确地呼吸增强免疫力

由 Ⅰ 型肺泡上皮细胞无增殖能力，因此损伤后，一般由肺泡 Ⅱ 型上皮细胞增殖分化来补充。但近年来，在肺组织内发现了一群内源性祖细胞，表达整合素 α6β4，但不表达肺泡活性表面蛋白 C（SPC）。具有干细胞样的特性，可以在体内外增殖并分化为 Ⅰ 型和 Ⅱ 型肺泡上皮细胞，从而补充受损的肺泡上皮细胞。

第五节　细胞膜屏障

细胞膜（cell membrane）是包绕在细胞质表面的一层被膜，由一层连续的脂质分子组成，细胞膜将细胞内外环境分开，不仅是细胞的重要组分，还行使重要生理功能。细胞膜有着基本相同的结构，磷脂双分子层起渗透屏障的作用，有助于细胞维持渗透压；镶嵌于磷脂双分子层的蛋白质赋予了膜的特定功能，例如调节物质的运输或作为受体参与细胞间交流。在电镜下，细胞膜呈现出"暗-亮-暗"的形态。细胞膜的异常改变与包括阿尔茨海默病、帕金森病以及囊性纤维化在内的多种疾病发生相关。对于细胞膜的研究目前已进入到分子水平，对细胞膜各组分作用以及不同组分间相互作用的研究已成为细胞生物学以及分子生物学领域的重点。本节主要介绍细胞膜的化学组成、结构、生物学特性、主要功能以及相关疾病。

一、细胞膜的组成及特性

（一）细胞膜的组成

1. 膜脂

膜脂（membrane lipid）是生物膜上的脂类的统称，包含磷脂、糖脂、胆固醇、脂质体等。其分子排列呈连续或双层，构成了生物膜的基本骨架，决定了细胞膜的一般性质。磷脂（phospholipid）占整个膜脂的50%以上，由疏水的脂肪酰基烃及亲水的头部组成。磷脂的两亲性对维持生物膜结构与功能至关重要，当把磷脂制成悬液分散在水中时，脂质可自发形成3种结构：球形微粒（micelle）、脂质体（liposome）、片状磷脂双层结构。球形微粒是由单层磷脂构成的球体，在自然条件下很难形成，但是当疏水尾部的脂肪酰链被水解作用所除去一条链（如用磷脂酶处理后）形成溶血磷脂后，就会形成磷脂微粒。洗涤剂或者肥皂的溶液具有光滑的手感就得益于磷脂微粒，因为水溶液中的磷脂微粒就像轴承中的滚珠一样，赋予了肥皂溶液润滑的特性。而细胞中的磷脂混合物则自发形成了对称的磷脂双侧。疏水尾部的脂肪酰链通过在双层磷脂中心紧密排列，形成了3～4nm厚的疏水核心，从而最大限度地减少了与水的接触，阻止了大多数水溶性物质从膜的一侧进入另一侧。胆固醇（cholesterol）甾环上的羟基可以与水相互作用，疏水端的固醇环与磷脂分子近头部端的烃链相连，尾部烃链与磷脂远头部端的烃链相连，可以影响磷脂的运动。

2. 膜蛋白

膜蛋白（membrane protein）是指生物膜所含的蛋白，根据膜蛋白相对于磷脂双分子层上的位置以及结合方式，将膜蛋白分为内在膜蛋白（integral membrane protein）、脂锚定蛋白（lipid-anchored membrane protein）以及外在膜蛋白（peripheral membrane protein）。

（二）细胞膜的特性

1. 不对称性

生物膜的特征之一就是两侧的脂质成分不同。脂质不对称在功能上很重要，特别是在将细胞外信号转化为细胞内信号的过程中。许多胞浆蛋白结合于脂质双层中的内层。例如，蛋白激酶C（protein kinase C，PKC）在各种细胞外信号的响应下被激活，它只有与含有磷脂酰丝氨酸这种带负电荷的磷脂内层结合，才能发挥作用。与特定的磷脂不同，胆固醇在细胞膜的内外层中分布相对均匀，而糖脂主要分布于细胞膜的外层。糖脂功能与其在膜上的定位有关。例如，在上皮细胞的细胞膜中，暴露在外的糖脂可能有助于保护细胞膜免受低 pH 或高浓度降解酶的影响。而一些糖脂为某些细菌毒素和病毒提供了入口点。例如，神经节苷脂 GM1（ganglioside GM1）是引起霍乱腹泻的细菌毒素的细胞表面受体。霍乱毒素只与表面有神经节苷脂 GM1 的细胞（如肠上皮细胞）结合并进入，导致细胞内环磷酸腺苷浓度的持续增加，进而导致 Cl^- 大量外流，Na^+、K^+、HCO_3^- 和水分泌到肠道中。

2. 脂质与膜蛋白的流动性

在双层的二维平面上，热运动允许脂质分子围绕其长轴自由旋转，与此同时在每个小叶内横向运动，而脂肪酰链仍然留在双层的疏水内部。与膜脂相类似的是，膜蛋白虽然同样不会在脂质双层上翻转，却也可以围绕垂直于磷脂平面的轴进行旋转运动，其运动速率与其自身结构及环境有关。此外，膜蛋白还能够在膜内横向移动（横向扩散）。

3. 流动镶嵌模型（fluid mosaic model）与脂筏模型（lipid rafts model）

通过描述脂质双层中嵌入了蛋白质分子，脂质双层赋予膜流动性和弹性，进而解释了细胞膜所拥有的特性。在流动镶嵌模型出现前，片层结构模型认为蛋白质可以作为一种薄片状结构与脂质相连，并不结合到磷脂双层中。电子显微镜使人们能够用肉眼观测到细胞膜"暗-明-暗"的结构，在片层结构模型的基础上提出了单位膜模型，但是这一模型认为细胞膜是一种静态的结构，并不能解释膜动态变化以及造成膜厚度不同的原因。流动镶嵌模型解释了不同温度下细胞膜结构和行为的变化，以及膜蛋白是如何与膜相结合的，强调了膜的不对称性和流动性，是较为普遍被接受的模型[12]。然而，一些脂质在膜中并不总是均匀混合，而是聚集形成微区。这些微区中富含胆固醇和鞘脂以及特定的蛋白，由于鞘脂拥有较长的尾部，这一区域相对增厚，导致微区更有秩序且不易流动，因此被称为"脂筏"。脂筏可能以液体有序相（或具有类似特性的相）存在于膜中。富含磷脂的液晶相域（正常流动的膜）和富含鞘脂的液体有序相域（脂筏）在膜上可以保持一种平衡共存状态。

二、细胞膜的功能

如前所述，细胞膜由嵌入了特定类型的脂质和蛋白质的磷脂双层组成。这种组合使细胞膜具有独特的通透性。细胞膜的功能不仅是屏障，还可以选择性地将这些维系生命的物质（葡萄糖等）以及代谢废物（尿素、CO_2）从膜的一侧输送到另一侧。细胞膜物质的转运方式包括简单扩

跨膜蛋白

散、被动运输、主动运输和协同运输等。几乎所有的小分子和离子在细胞膜上的移动都是由膜转运蛋白介导的，膜转运蛋白是多次跨膜蛋白。跨膜蛋白又可分为通道蛋白、载体蛋白和 ATP 驱动泵，介导离子、糖、氨基酸和其他代谢产物跨细胞膜的运输。

（一）简单扩散

气体和不带电荷小分子的运输不需要蛋白的帮助，也不需要能量，它们遵循着由高到低的化学浓度变化运动穿过膜，称为简单扩散（simple diffusion）。当物质带上电荷，这一规律将不再适用，因为运动的方向不再完全取决于化学浓度梯度，而是取决于该物质在膜两侧的浓度差和电位差。

（二）被动运输

1. 易化扩散

葡萄糖运输体

载体蛋白分为 3 种，包括单转运体（uniporter）、共转运体（symporter）和反转运体（antiporter）。其中单转运体沿着浓度梯度转运一个分子，又称易化扩散。最为人熟知的单转运体蛋白是葡萄糖转运体 1（glucose transporter 1，GLUT1），它存在于大多数哺乳动物细胞膜上。像其他单转运体蛋白一样，GLUT1 在两种构象之间交替：一种状态是葡萄糖结合位点面向细胞外；另一种状态是葡萄糖结合位点面向胞质侧。当胞外结合位点结合到葡萄糖后，构象反转使结合位点朝向胞质侧，释放入细胞，随即复位，周而复始不断地运输葡萄糖。由于葡萄糖在细胞外（如血液）的浓度通常高于细胞内，GLUT1 通常催化葡萄糖从细胞外输送到细胞内。当细胞内葡萄糖浓度高于细胞外葡萄糖浓度时，GLUT1 还能催化葡萄糖从胞质转运到胞外。虽然 GLUTs 家族的结构非常相似，然而，不同细胞类型中的表达差异，细胞表面载体蛋白的数量差异，以及家族成员特有的功能特性，使得不同的细胞能够以不同的方式调节葡萄糖代谢，同时保持血液中葡萄糖的恒定浓度。例如在大脑的神经元中发现了 GLUT3，神经元的新陈代谢依赖于葡萄糖的持续流入，而 GLUT3 对葡萄糖高亲和力以及高转运速率确保了这些细胞以高而恒定的速率从脑细胞外液中吸收葡萄糖，进而保证了神经元的能量供应和脑部活动。同时，肿瘤细胞也可以通过 GLUT 摄取葡萄糖，由于肿瘤细胞生长依靠糖酵解供能，需要高表达 GLUT 以摄取大量的葡萄糖，GLUT 的高表达也被认为与肿瘤预后不良相关。

2. 通道蛋白

通道蛋白与载体蛋白不同，通道蛋白顾名思义是膜上的一种孔道，它形成亲水"管道"，水或离子可通过它顺浓度梯度运输。常见的通道蛋白有水通道蛋白和离子通道蛋白。由于水通道的直径仅仅略大于水分子的直径,且通过时与通道内的氨基酸形成特定的氢键,因此它仅允许水分子通过,水可以根据渗透梯度向任何一个方向移动;与无机离子(主要是 Na^+、K^+、Ca^{2+} 及 Cl^-)的转运有关的离子通道蛋白:通道的开放和闭合由细胞内外各种因素来调控,包括跨膜电压的变化、机械应力或配体的结合。

(三)主动运输

从供能方式来看,ATP 驱动泵(ATP-powered pump)将底物逆浓度梯度运输的同时还伴有 ATP 水解直接供能,这一过程被称为主动运输(active transport)。由于 ATP 水解和运输之间的这种紧密耦合,储存在磷酸酐键中的能量不会以热的形式消散,而是用来移动离子或其他分子,使其逆电化学梯度移动。ATP 驱动泵主要有 4 类:P- 型离子泵,V- 型质子泵,F- 型质子泵和 ABC 转运体。其中 3 类(P、F 和 V)的成员只运输离子,ABC 超家族除少数成员运输离子外,大多数成员主要运输如氨基酸、糖、肽、脂类和药物等小分子。

(四)协同运输

不同于易化扩散和主动运输,协同运输是一种需要 ATP 驱动泵和载体蛋白协同作用,且间接消耗能量的物质运输过程(也称之为次级主动运输)。而共转运体和反转运体将底物逆浓度梯度的运输与另一种底物顺浓度梯度的运输相结合,这一过程称为协同运输(cotransport)。从载体蛋白来看,易化扩散的载体蛋白只转运一种物质,称为单转运体;而转运两种或两种以上物质的载体蛋白可以分为共转运体和反转运体,共转运体所转运的物质运输方向相同;而反转运体所转运的物质运输方向相反。共转运蛋白可以利用储存在 Na^+-K^+-ATP 酶或 H^+ 泵的电位和浓度梯度中的势能来驱动另一种物质的运动,这种物质可能是一种有机小分子(如葡萄糖、氨基酸)或不同的离子。协同运输要求任何一种物质都不能单独运动,两种物质必须共同运输。

(五)大分子和颗粒物质的运输

大分子、微生物和废物等由于体积过大,既不能直接通过细胞膜的脂质双层,也不能通过膜上的载体蛋白进出细胞,只能通过囊泡运输(vesicular transport)实现转运(因为细胞膜和囊泡壁都由脂质双层组成,囊泡可以与细胞膜相互融合)。根据物质运输的方向分为胞吐作用(exocytosis)和胞吞作用(endocytosis)。转运过程中常常涉及大量的大分子和颗粒,又称为批量运输(bulk transport),由于这些运输过程需要能量,因此是主动运输的一种。

三、细胞膜屏障损伤与疾病

细胞膜的完整性对维持细胞的生存以及功能至关重要，细胞内外的各种因素都可以导致细胞膜结构、组成以及功能的异常，进而破坏膜的完整性，引起细胞死亡[13]。细胞膜的损伤可分为化学损伤和物理损伤。化学损伤主要是在活性氧存在的条件下，脂质因过氧化（即多不饱和脂肪酸的氧化）受损而释放，从而损坏细胞膜的完整性。另外，磷脂酶与许多化学物质（如乙醇）也可以直接改变膜的流动性从而破坏细胞膜。物理损伤可能出现在正常机体中，如剧烈的运动过后肌细胞就有可能被撕裂，也可能出现在病理过程中，如细菌感染或是免疫细胞所导致的细胞膜成孔等[14]。

活性氧

（一）成孔损伤

免疫细胞介导的成孔损伤其实是一种免疫系统用于免疫监测或除去外来物和受损细胞（如肿瘤细胞）的策略，固有免疫系统和适应性免疫系统通过补体依赖的细胞毒作用（complement dependent cytotoxicity，CDC）来清除"非我"细胞，膜攻击复合体聚集在细胞表面，破坏细胞膜屏障，使其出现"孔"，导致细胞内 Ca^{2+} 和活性氧浓度升高，最终导致细胞肿胀和坏死。

病原体（如细菌）释放的外源性毒素也可在细胞膜上形成"孔洞"，进而为细菌在宿主细胞内生长繁殖提供营养与环境。肺炎链球菌所产生的肺炎溶血素能破坏上皮细胞和内皮细胞的膜，进而引起肺炎。这类型的溶血素大多先与胆固醇结合，从而进入细胞膜，在细胞膜上溶血素可形成大的环形孔前体，随后复合物构象改变，穿过细胞膜形成稳定的跨膜结构，进而使膜通透性增加（引起 Ca^{2+} 内流、细胞凋亡等过程）。

（二）载体蛋白异常

葡萄糖是大脑代谢的重要物质，GLUT1 缺乏是一种常染色体显性遗传病，患者 GLUT1 基因发生突变，造成 GLUT1 表达减少，功能丧失，导致葡萄糖无法穿过 BBB，脑组织缺乏能量供给，出现发育迟滞。在对该病完全认识以前，由于患儿首先出现癫痫发作，常常使用苯巴比妥治疗，然而巴比妥类药物可进一步加重葡萄糖转运体功能障碍，治疗效果适得其反。20 世纪 90 年代初，生酮饮食疗法开始被应用于临床，酮体可由其他转运体入脑代替葡萄糖为大脑供能，且酮体在一定程度上能够控制癫痫的发作，然而这种疗法并不能完全改善患者的生活，治疗后患者仍存在一定程度的神经发育异常，认知功能和社会行为能力也具有一定的缺陷。

（三）ABC 转运体异常

囊性纤维化（cystic fibrosis，CF）是一种可严重缩短患者寿命的常染色体隐性遗传疾病，由囊性纤维化跨膜传导调节因子（cystic fibrosis transmembrane conductance regulator，CFTR）异常引起，CFTR 是一种存在于肺、小肠、胰腺导管、汗腺以及生殖器官细胞的氯离子通道。CF 患者由于 CFTR 蛋白的合成异常，进而导致上皮细胞中水和电解质的跨膜转运障碍，从而产生浓厚黏稠的黏液，最常见的临床表现包括胰腺功能障碍导致的营养吸收不良，以及因黏液潴留、感染、炎症的恶性循环导致的一系列肺部疾病。部分男性患者由于从睾丸向外运送精子的输精管发育不良表现为不育。目前尚无明确的预防和治愈方法，只能对症治疗。

四、细胞膜的修复

当病原菌感染等损伤因素引起局部细胞膜的通透性增加时，细胞膜可通过形成的"囊泡"自我修复破裂的质膜，这些修复泡是由内吞体分选转运复合体-Ⅲ（ESCRT-Ⅲ）来负责形成的。研究也揭示出 ESCRT-Ⅲ通过修复质膜中的破裂而延缓或阻止坏死性凋亡，这种延缓让即将死亡的细胞有时间释放信号来提醒周围的细胞存在病原菌的感染等损伤因素。

经典实验：水通道蛋白的发现

第六节　线粒体膜屏障

线粒体（mitochondrion）是由两层膜包被的细胞器，直径 0.5～1.0 μm，是细胞进行有氧呼吸的主要场所，约占细胞胞质体积的 20%。线粒体合成细胞所需的大部分 ATP，是糖类、脂肪和氨基酸最终氧化释放能量的场所，并在细胞信号通路传导和凋亡中起着至关重要的作用。线粒体膜（mitochondrial membrane）是包被线粒体的生物膜，由内外两层单位膜组成，内外膜均由磷脂双层组成，并镶嵌有蛋白质。蛋白质约占线粒体干重的 65%～70%，大多分布于线粒体内膜和基质，大部分是由核基因组编码的，并从细胞质中输入。脂质成分主要是磷脂，约占线粒体外膜重的 50%，包括磷脂酰胆碱（phosphatidylcholine，PC）、磷脂酰乙醇胺（phosphatidyl-ethanolamine，PE）、磷脂酰肌醇（phosphatidylinositol，PI）、磷脂酰丝氨酸（phosphatidylserine，PS）和磷脂酸（phosphatidic acid，PA），以及磷脂酰甘油（phosphatidylglycerol，PG）和心磷脂（cardiolipin，CL）。其中，PE、PG、CL 是在细胞内合成的，而其他的成分则须要从胞外运输。线粒体外膜将线粒体与细胞质分隔，表面光滑具有较高的通透性，包含参与多种生化反应的酶类，参与膜中磷脂的合成，它也能同时对那些将在线粒体基质中进行彻底氧化的物质先行初步分解。线粒体内膜向内腔折叠成嵴，其内表面附着许多突出于内腔的颗粒，通透性较外膜低，含有比外膜更多的蛋白质，承担着更复杂的生化反应。线粒体膜屏障的完整性和局部功能的异常都可能影响细胞稳态的维持，促使细胞凋亡、坏死，进而引发多器官系统疾病[15]。

一、线粒体膜的结构

（一）线粒体外膜

线粒体外膜（outer membrane）是位于线粒体最外层的一层光滑生物膜，将线粒体从细胞质中分隔开，厚度为 5～7 nm。其化学组成与细胞膜相似，50% 为脂类，50% 为蛋白质，单胺氧化酶是其标志酶。外膜上镶嵌有"孔道蛋白"的整合蛋白，包括多种转运蛋白，形成较大的水相通道跨越脂质双层，使外膜出现相对大的内部通道，直径 2～3 nm，允许离子和分子量 < 5 kDa 的分子物质通过，包括一些小分子多肽，因此外膜和内膜之间的膜间隙与细胞质具有相同的 pH 和离子组成，且在外膜上没有电化学梯度，具有较高的通透性[16]。大分子量的物质通过外膜转运酶（translocase of the outer membrane，TOM）的主动运输进出线粒体。

（二）线粒体内膜

线粒体内膜（inner membrane）是位于线粒体外膜内侧包裹线粒体基质的一层单一的连续膜，平均厚度为 4.5 nm，蛋白质含量约占 80%，脂类占 20%。内膜蛋白质的含量约占线粒体总蛋白质的 1/5。其化学组成包含了 150 种以上的多肽，内膜不含有外膜的孔蛋白，通透性极低。部分内膜向线粒体内腔折叠、延伸、内陷形成嵴（cristae），呈约 20 nm 宽的膜盘或小管，突出到基质中并包围嵴间隙。内膜和嵴的内表面附着有许多突出于内腔的颗粒，称为基粒（elementary particle）。基粒的化学本质为 ATP 合酶（ATP synthase）或 ATP 合酶复合体（ATP synthase complex），是线粒体合成 ATP 的重要场所。嵴扩大了线粒体内膜的表面积，大大增加了线粒体合成 ATP 的能力。如肝脏线粒体中，内膜面积大约是外膜的 5 倍，在心肌和骨骼肌细胞中线粒体的嵴是肝细胞线粒体的 3 倍。

（三）膜间隙（intermembrane space）

线粒体外膜和内膜之间的间隙称为膜间隙。部分内外膜相互接触的地方间隙狭窄，称为转位接触点（translocation contact site）。外膜上可使蛋白质定向转运进入线粒体的转运蛋白复合物，称为线粒体外膜转运酶（TOM）；内膜上介导蛋白质跨膜转运的通道蛋白复合物，称为线粒体内膜转运酶（translocase of the inner membrane，TIM）。

二、线粒体膜的功能

（一）线粒体外膜

线粒体外膜位于细胞质和线粒体环境的交界处，因此是细胞其余部分调节线粒体功能的理想场所。线粒体外膜中含量最丰富的蛋白质是一种名为电压依赖阴离子通道（voltage-dependent anion channel，VDAC）的线粒体β孔蛋白，VDAC是小离子和小分子（≤5 kDa）代谢物穿过外膜的通道。蛋白质的输入由线粒体TOM选择性地控制，当TOM重组成平面膜时，可形成通道。外膜通过膜通道控制可溶性成分的进出，包括离子（如H^+、磷酸盐和钙离子等），代谢物（如丙酮酸、ADP、ATP、肌酸和磷酸肌酸等）。另外，外膜通道可进行蛋白质转运，膜间隙的蛋白能快速释放到胞质中，并会激活caspase级联的酶原，导致细胞的凋亡进入执行阶段。线粒体外膜还参与诸如脂肪酸链延伸、色氨酸生物降解以及肾上腺素氧化等生化反应，同时初步分解线粒体基质中将彻底氧化的物质。

（二）线粒体内膜

线粒体内膜高度分化，且具有更多的不同功能的蛋白质，蛋白质占线粒体内膜总质量的76%，承担着更多、更复杂的生化反应。运输酶可进行各种代谢产物和中间产物的运输，特异性载体蛋白可运输钙离子、磷酸、谷氨酸、鸟氨酸及核苷酸，生物大分子合成酶类负责合成一些重要的生物酶。而参与电子传递和ATP合成的酶类是氧化磷酸化的关键参与者，控制线粒体的分裂与融合。ATP合成酶还负责电子传输的蛋白质，以及允许代谢物在胞质和线粒体基质之间移动各种各样的运输蛋白[17]。

三、线粒体膜通透性改变与疾病

（一）线粒体膜通透性及作用

线粒体是调节细胞内钙（Ca^{2+}）稳态和维持生物能量稳态的关键因素。当线粒体Ca^{2+}超载时，线粒体膜打开一个高电导、高电压且Ca^{2+}敏感的通道，即线粒体通透性转换孔（mitochondrial permeability transition

线粒体膜通透性转化

pore，MPTP），触发线粒体内膜通透性突然增加。MPTP 短暂可逆地开放参与诸多生理过程，包括细胞的能量代谢、氧化还原通路和发育过程中的心肌细胞分化等。MPTP 开放更多被认为是细胞损伤的一种机制，可导致线粒体膜电位崩溃和生物能的衰竭，以及 < 1500 Da 的低分子溶质在线粒体内膜中的重新分布和线粒体肿胀。

MPTP 开放介导的线粒体膜通透性转化（mitochondrial permeability transition，MPT）影响线粒体外膜通透性（mitochondrial outer membrane permeabilization，MOMP）和线粒体内膜通透性（mitochondrial inner membrane permeabilization，MIMP），主要介导细胞的内在凋亡途径和坏死性死亡[18]。线粒体在细胞凋亡中处于调控的核心位置，众多细胞外或细胞内的有害刺激（如氧化作用、细胞毒性药物、DNA 损伤等）都能引起线粒体的损伤和膜渗透性改变，导致细胞凋亡信号通路的激活。发生凋亡细胞是低耗能甚至不耗能的被动过程，线粒体膜通透性改变，线粒体膜电位下降，线粒体合成 ATP 明显减少，细胞 ATP 的耗竭使启动细胞凋亡途径的复合物来不及活化，细胞直接进入坏死状态。在对肾小管上皮细胞等的研究发现，ATP 下降至正常值的 80%～85% 时，细胞可启动凋亡程序或修复程序得以继续存活，而 ATP 下降超过 80% 时，细胞则会发生直接坏死。

（二）线粒体膜通透性改变与人类疾病

线粒体膜通透性的改变在细胞的生存、凋亡和死亡中扮演着重要角色，与人类缺血-再灌注损伤、毒物中毒、神经变性、病毒感染和肿瘤等多种疾病相关。

1. 缺血-再灌注损伤

组织器官在缺血期间，细胞内 Ca^{2+}、长链脂肪酸和 ROS 等物质的积累，导致线粒体膜通透性改变，在组织再灌注后，发生细胞凋亡和坏死，引起器官损伤，如肝、心脏的缺血-再灌注损伤等。研究发现，调控线粒体内膜功能的复合物基因敲除后，可降低多个器官缺血-再灌注损伤的严重程度，使小鼠的肝损伤减轻。目前用于 MPTP 开放异常相关的疾病治疗药物正处于研发阶段。

2. 中毒

有毒物质，如重金属（铅、汞、镉、亚砷酸盐）、苍术苷、水杨酸盐或对乙酰氨基酚等，还有抑制呼吸链功能的毒素包括鱼藤酮、抗霉素 A 和百草枯等都可以影响线粒体屏障、氧化磷酸化、ATP 和 ROS 的产生，这些功能的改变会导致线粒体解耦联，诱导基质金属蛋白酶的产生，最终导致细胞死亡。

3. 神经变性

线粒体功能障碍与急性和慢性神经元死亡有关。急性脑卒中时，在血液供应减少的阶段，神经元细胞中的 ATP、氧和葡萄糖的平衡会被破坏，通过线粒体途径发生细胞死亡。在阿尔茨海默病（AD）中，淀粉样多肽有助于 ROS 的产生，促进细胞凋亡激活剂的生成，并促进线粒体通透性的增加。

4. 病毒感染和癌症

病毒的促凋亡蛋白都含有双亲性 β- 螺旋，这些具有成孔特性的螺旋在促细胞凋亡中具有重要作用。人类免疫缺陷病毒 -1（HIV-1）的病毒蛋白 R、乙型肝炎病毒（HBV）的 X 蛋白和流感病毒的 PB1-F2 蛋白具有促凋亡蛋白移位到线粒体膜上诱导通透性转化的作用，常伴有线粒体肿胀和碎裂。病毒对受感染细胞凋亡的抑制使病毒得以复制和传播。局部线粒体膜通透性改变抑制蛋白过表达、抑制线粒体膜通透性改变的信号变化等机制也与癌细胞线粒体膜通透性变化的失活相关。Venetoclax 可选择性靶向线粒体膜通透性途径的抗凋亡蛋白是 FDA 批准的首个具有激活癌症细胞凋亡作用的药物。

小故事：1978 年诺贝尔化学奖——化学渗透假说

第七节　核膜屏障

细胞核是遗传信息复制、转录的主要场所，可指导蛋白质的合成，可以说细胞核是细胞维持生命活动的控制室。作为细胞核的外层结构，核膜将胞内组分分隔成胞核与胞质两部分。相比于缺少转录加工修饰的原核生物，真核细胞的核膜屏障为 DNA 复制及 RNA 转录和修饰提供了所需的稳定环境，从而确保了遗传信息的精准和有效修饰，进而实现更高级的生命活动。核膜在细胞分裂时进行去组装和再组装等一些有序的动态变化，保持了核膜结构的完整性及其在细胞周期进程中的有序动态变化，对基因组的稳定性、细胞的各项生命活动乃至生物个体的生存等，具有重要的生物学意义。

一、核膜屏障的结构

19 世纪后期，以沃尔特·弗莱明（Walther Flemming）为代表的科学家们首次通过光学显微镜观察描述细胞核。核膜的基本结构也是磷脂双分子层，但与细胞膜不同的是核膜还含有少量的核酸。此外，核膜具有双层膜结构，核质侧的称为内核膜，胞质侧的称为外核膜，内膜和外膜组成的双层结构包绕着真核生物的遗传物质。内外核膜之间的空间为 20～40 nm，称为核周隙。内核膜和外核膜在核孔复合体处连接，这是小极性分子和大分子能够穿过核膜的唯一通道。同时，外核膜与 ER 相连续，并附着一部分的核糖体，而核周隙与 ER 腔相联通。RNA 和核糖体亚基必须不断地从细胞核转移到细胞质，而组蛋白、RNA 聚合酶和其他对细胞核活动必不可少的物质必须从细胞质转移到细胞核。

（一）外核膜与核周隙

外核膜与 ER 相连，其结构在蛋白质、酶和脂质成分方面与 ER 高度相似，外核膜外表面同样有核糖体附着，可进行蛋白质的合成。内外核膜在核孔的位置相互融合，核周隙与 ER 管腔连续，内含有多种蛋白质和酶类，可看作是内外核膜的缓冲区。

（二）内核膜与核纤层

内核膜表面光滑，无核糖体附着。位于内核膜内侧与染色质之间的一层由高电子密度纤维蛋白质组成的网络片状结构，称为核纤层。核纤层分为 A 型和 B 型，A 型核纤层蛋白分为 A 和 C 亚型，两者均由相同 LMNA（lamin A/C）基因通过可变剪接产生不同转录本。A 型核纤层蛋白通常在已分化的组织中表达，在某些组织中，直至出生后才表达。B 型分 B1 和 B2 亚型，在多数细胞中都存在表达。

（三）核孔复合体

核孔是多种蛋白质以特定方式排列形成的复合结构，也称为核孔复合体。包括胞质环、核质环、辐条（柱状亚单位、环状亚单位、腔内亚单位）、中央栓。

核孔复合体是极性小分子、离子和大分子（蛋白质和 RNA）在细胞核和细胞质之间移动的唯一通道。核孔复合体由 50～100 种不同的蛋白质组成，直径约 120 nm，分子质量约为 125 000 kDa。

二、核膜屏障的功能

核膜最主要的功能是作为基因表达的屏障，确保了遗传信息复制、转录的精准与高效。

（一）外核膜与核周隙

外核膜与细胞质相邻表面可见细胞骨架网络，起固定细胞核以及维持细胞核形态的作用。在哺乳动物中，外核膜血影重复蛋白家族（nuclear envelope spectrin repeat proteins，Nesprins）在连接细胞核和细胞骨架方面起着重要作用。

（二）内核膜与核纤层

核纤层与有丝分裂时核膜的解体与重建有关。有丝分裂前中期，染色体分开前，核膜崩解形成小泡，核纤层分解成二聚体，有丝分裂后期，包含核膜的囊泡以及二聚体核纤层蛋白在子代细胞染色体表面重新聚集，随后囊泡重新融合成膜，核纤层蛋白通过形成的膜孔复合物入核膜，重新聚集成核纤层。核纤层还参与细胞核形状、大小和硬度的调节。例如，秀丽线虫细胞核缺少核纤层蛋白的表达，因此变形后核的形状不能恢复。B 型核纤层蛋白还可以调节二维平面内核膜与核孔复合体（见下文）的相对间距。此外，核纤层还参与 DNA 复制、某些基因的表达调控及转录后修饰等过程。

（三）核孔复合体

细胞核中合成的 RNA 必须输出到细胞质进行蛋白质合成，而核行使功能（转录）所需的蛋白质（如转录因子）往往在细胞质中合成，需要将其运输到细胞核内。在这个过程中，适当的蛋白质和 RNA 被识别并选择性地只向一个方向运输，如亲核蛋白被选择性地从细胞质输入到细胞核，而 RNA 则从细胞核输出到细胞质。这些分子的运输通过核孔复合体中的调节通道来进行，根据适当的信号，这些通道的直径可以超过 25 nm，足以允许如核糖体亚单位大小的核糖核蛋白复合体通过。在胞质中合成，转运进核内发挥作用的蛋白称亲核蛋白。当亲核蛋白输入至核内时，需要多种结构的参与。蛋白持有特定的"通行证"才可以进入核内，这种通行证实际上是一种特殊的氨基酸信号序列，称为核定位信号（nuclear localization signal，NLS）。同时，还要有"安检人员"核查通行证，"他"就是核定位信号的受体，称为输入蛋白。目前所熟知的输入蛋白有核输入受体 α、β 以及 Ran（GTP 结合蛋白）。在它们的参与下，亲核蛋白在胞质侧首先与核输入受体 α/β 异二聚体结合，形成转运复合物，与核孔复合体的胞质纤丝结合，从胞质面移动到核质面后，Ran-GTP 复合物与转运复合物结合，引起转运复合物解离，亲核蛋白彻底进入核内，核输入受体 α/β-Ran-GTP 复合物返回胞质侧，Ran-GTP 水解成 Ran-GDP，与核输入受体解离，Ran-GDP 返回核内，再次转为 Ran-GTP，以便后续的物质运输。

三、核膜屏障异常与疾病

（一）核纤层蛋白异常

编码核纤层蛋白的基因突变会引起疾病。编码核纤层蛋白的基因

LMNA 突变至少会引起 10 几种不同的遗传性疾病以及肿瘤的转移[19]。

1. Hutchinson-Gilford 早衰综合征

早衰综合征是一种罕见的疾病，发病率约为四万分之一。早衰综合征患者在出生后就会发生包括皮下脂肪减少、脱发和心血管系统并发症在内的临床表现。早衰综合征患儿普遍死于心脏病发作和脑卒中，平均年龄为 13 岁。研究发现，LMNA 突变引起的核纤层损伤，造成细胞衰老，可导致早衰综合征。

2. 癌症

与正常细胞相比，肿瘤细胞生命活动旺盛，代谢增加，细胞核增大，核质比升高，核膜不规则增厚，可出现囊泡状突起。肿瘤细胞在转移的过程中，会发生细胞膜形态的改变，肿瘤细胞的胞核也可发生类似的改变，但是由于其大小和硬度的限制，核的变形能力是有限的。在体内癌细胞迁移过程中，可以观察到短暂的核变形（细胞核呈沙漏状和雪茄状）。

据报道，癌症中核纤层蛋白 A/C 水平升高会导致核变形能力降低。增加核纤层蛋白水平可以使肿瘤细胞免受实体瘤内高静水压力的机械应力影响。而结直肠癌中核纤层蛋白 A/C 上调还可以引起细胞骨架的变化。同时，核纤层蛋白还参与多个与癌症进展相关信号通路的调控。例如，前列腺癌细胞中核纤层蛋白 A/C 水平升高可以抑制磷酸酯酶与张力蛋白同源物（phosphatase and tensin homolog, PTEN），激活 PI3K/AKT 通路，引起前列腺癌细胞侵袭和转移。

3. Emery-Dreifuss 肌营养不良症

编码核纤层蛋白 A 的基因出现特定突变可能导致 Emery-Dreifuss 肌营养不良症。患者表现为肌腱挛缩、骨骼肌变性和心肌传导系统异常。然而有研究者提出问题：核纤层蛋白在所有细胞中均有表达，为什么只有肌细胞受到影响呢？目前有两种假说回答了这个问题：一种是结构假说，认为核纤层蛋白基因突变造成了核的脆弱，一旦肌肉收缩就会引起核的损伤，造成了肌营养不良；另一种是基因表达假说，认为核纤层蛋白的缺乏改变了基因表达的模式，从而改变了核的结构。

（二）核孔复合体与神经退行性疾病[20]

大多数参与细胞增殖、分化和其他重要功能的酶及其底物都通过核孔复合体实现胞质与核质的物质交换。因此，核孔复合体功能缺陷可能导致大量核和胞质物质的转运异常。

核孔复合物损伤是神经退行性疾病的常见表现。核孔复合体的组成和结构与年龄有关，随着年龄的增长，细胞会失去必要的核孔蛋白，因此在衰老的神经元中可以观察到由于核孔复合体结构和功能的变化，胞质蛋白会泄漏到细胞核中，引起细胞周期相关蛋白在细胞内的异常运输。越来越多的来自人脑组织和模型动物研究的证据表明，神经元氧化应激引起的核孔复合体结构和功能障碍是神经元变性的典型特征。因此，可以推测核孔复合体结构异常和功能紊乱是神经退行性疾病发生的基础。

阿尔茨海默病（AD）是出现记忆、思维和行为异常的神经退行性疾病。在该类患者脑内的神经元中，发现了各种转录因子、信号蛋白和核黏附素等的异常定位，表明核孔复合体物质运输功能异常。由此，针对这一类型的神经退行性疾病，可以通过阻碍这些异常转运的疾病相关蛋白的转位来达到治疗的目的，例如，在 AD 的早期阶段可以通过阻断 NF-κB 等亚细胞内信号蛋白的转位进而延缓疾病的进程。

四、核膜屏障的修复

核膜破裂后存在一定的修复机制，可将核膜屏障损坏所造成的负面后果最小化。例如，屏障自整合因子（barrier-to-autointegration factor，BAF）是一种内层核膜结合蛋白，在高等动物中高度保守，在细胞内以二聚体形式结合双链 DNA、LEM 结构域蛋白、核纤层蛋白（lamin）及转录因子等来发挥作用。BAF 募集并结合 LEM 结构域蛋白和 Lamin A 后，形成"三元复合体"，可快速定位于核膜破损位点，从 ER 中募集膜泡来修复核膜。当细胞缺失 BAF 或者表达无 DNA 结合能力的 BAF 突变体会导致 LEM 结构域蛋白和 Lamin A 的错误定位而无法修复核膜。

研究人员还发现一种被称作转运必需内吞体分选复合物-Ⅲ（endosomal sorting complex required for transport-Ⅲ，ESCRT-Ⅲ）的复合体可以在核膜损伤后的 2 min 内启动，迅速（10～30 min 内）堵住核膜上的裂口。而且，BAF 还可间接招募 ESCRT-Ⅲ膜复合体，进一步封闭剩余的核膜裂口。因此，BAF、ESCRT-Ⅲ、核纤层蛋白或 LEM 结构域蛋白的耗尽均可导致膜修复受损。

核膜修复不仅可以维持人体内正常细胞（如免疫细胞）的存活，也可以让转移过程中的癌细胞受益。研究证实，在细胞受到机械应力刺激时，修复损伤 DNA 和破裂的核膜可使细胞"起死回生"，因此，抑制这两个修复过程的药物或许可为消灭转移癌细胞提供新思路，不过如何阻止这些药物损害健康细胞仍是一个不小的难题。

参考文献

[1] 张学军，郑捷. 皮肤性病学 [M]. 9 版. 北京：人民卫生出版社，2018.

[2] CHAMBERS E S, VUKMANOVIC-STEJIC M. Skin barrier immunity and ageing[J]. Immunology, 2020, 160(2): 116-125.

[3] LIEBNER S, DIJKHUIZEN R M, REISS Y, et al. Functional morphology of the blood-brain barrier in health and disease[J], Acta Neuropathol, 2018, 135(3): 311-336.

[4] MONTAGNE A, NATION D A, SAGARE A P, et al. APOE4 leads to blood-brain barrier dysfunction predicting cognitive decline[J]. Nature, 2020, 581(7806): 71-76.

[5] VON M J, JI M, LIANG H E, et al. Tuft-cell-derived IL-25 regulates an intestinal ILC2-epithelial response circuit[J]. Nature, 2016, 529(7585): 221-225.

[6] NOWARSKI R, JACKSON R, FLAVELL R A. The Stromal Intervention: Regulation of Immunity and Inflammation at the Epithelial-Mesenchymal Barrier[J]. Cell, 2017, 168(3): 362-375.

[7] FRANK D N, ST AMAND AL, FELDMAN R A, et al. Molecular-phylogenetic characterization of microbial community imbalances in human inflammatory bowel diseases[J]. Proc Natl Acad Sci U S A, 2007, 104(34): 13780-13785.

[8] CAMINERO A, GALIPEAU H J, MCCARVILLE J L, et al. Duodenal bacteria from patients with celiac disease and healthy subjects distinctly affect gluten breakdown and immunogenicity[J]. Gastroenterology. 2016;151(4):670-683.

[9] LEMESSURIER K S, TIWARY M, MORIN N P, et al. Respiratory barrier as a safeguard and regulator of defense against influenza a virus and Streptococcus pneumoniae[J]. Front Immunol, 2020, 11:3.

[10] SCHNEIDER J L, ROWE J H, GARCIA-DE-ALBA C, et al. The aging lung: physiology, disease, and immunity[J]. Cell, 2021, 184(8): 1990-2019.

[11] CAMORETTI-MERCADO B, LOCKEY R F. Airway smooth muscle pathophysiology in asthma[J]. J Allergy Clin Immunol, 2021, 147(6): 1983-1995.

[12] BRUCE A，ALEXANDER J，JULIAN L, et al. Molecular Biology of the Cell[M]. 6th. Garland :Garland Science, 2015.

[13] DIAS C, NYLANDSTED J. Plasma membrane integrity in health and disease: significance and therapeutic potential[J]. Cell Discov, 2021, 7(1): 4.

[14] AMMENDOLIA D A, BEMENT W M, BRUMELL J H. Plasma membrane integrity: implications for health and disease[J]. BMC Biol, 2021, 19(1): 71.

[15] KROEMER G, GALLUZZI L, BRENNER C. Mitochondrial membrane permeabilization in cell death[J]. Physiol Rev, 2007, 87(1): 99-163.

[16] Wiedemann N, Pfanner N. Mitochondrial machineries for protein import and assembly[J]. Annu Rev Biochem, 2017, 86: 685-714.

[17] GIACOMELLO M, PYAKUREL A, GLYTSOU C, et al. The cell biology of mitochondrial membrane dynamics[J]. Nat Rev Mol Cell Biol, 2020, 21(4): 204-224.

[18] LÓPEZ-OTÍN C, KROEMER G. Hallmarks of Health[J]. Cell, 2021, 184(1): 33-63.

[19] MÉNDEZ-LÓPEZ I, WORMAN H J. Inner nuclear membrane proteins: impact on human disease[J]. Chromosoma, 2012, 121(2): 153-167.

[20] ROBIJNS J, HOUTHAEVE G, BRAECKMANS K, et al. Loss of nuclear envelope integrity in aging and disease[J]. Int Rev Cell Mol Biol, 2018, 336: 205-222.

（辛颖　何侃）

思考题

1. 线粒体膜的功能是什么？线粒体膜通透性改变与人类疾病有怎样的关系？

2. 蛋白质翻译发生在细胞质中，为何有些蛋白质可以定位在细胞核内？

3. 血-脑脊液屏障的存在一定程度上可使脑组织免受有害物的侵害，同时也使许多药物不能进入中枢神经系统发挥有效作用。那么通过哪些方式可能促进中枢神经系统药物通过血-脑脊液屏障呢？

4. 作为肠道内的主要寄居者，肠道菌群如何影响肠道屏障的完整性？除了补充益生菌和益生元，目前还有哪些可以通过调节肠道菌群治疗临床疾病的方法？

5. 呼吸系统屏障是如何保护自身免受外界环境干扰的？在这一过程中有哪些组织或器官发挥了作用？

第二章 局部袭扰的限制

生命伊始，人体的组织和细胞中就不断发生着微小的局部波动，如细胞分裂过程中的各种意外造成的"DNA 修复失败""细胞表观遗传特征缺失""细胞器功能失调"和"某些错误蛋白质的积累"等。此外，病原体入侵、化学或物理创伤等外部因素也可造成机体的局部波动。这种局部波动也称为局部袭扰（perturbation），而这些引起机体局部袭扰的因子，可称为袭扰子（insults）。广义上的袭扰子是指可能对机体健康产生不良影响的身体、精神、代谢、物理、化学和微生物的存在与变化。而本章中要介绍的袭扰子主要是指"异己"物质，包括入侵机体的外来病原体，以及机体内部因 DNA 损伤和蛋白质异常积累所产生的肿瘤细胞及衰老细胞等[1]。

袭扰子对人产生袭扰可引起不同形式的反应。为了保持健康，机体必须对这些袭扰子进行限制，避免其造成全身损伤进而影响组织和器官的功能。其中，免疫应答是机体的一种特殊的保护性生理功能。通过免疫应答，机体能够识别自己、排除异物等的袭扰，以维持内环境的稳定，保证人体运转正常。免疫应答的执行是基于机体的免疫系统，其由免疫器官、免疫细胞和免疫分子组成。正常的免疫系统能及时发现并清除外来病原体或体内异物等引起机体环境变化的因素，从而使受损害组织的功能得以恢复，保证机体健康，但其功能的亢进亦会对自身器官或组织产生伤害。如致病性微生物感染可引发机体内体液和细胞免疫应答，从而促进微生物的清除和机体健康的维持。如果不能及时清除这些"袭扰子"，最终可能会导致无法控制的微生物感染或恶性疾病的发生，甚至引起死亡。再如，外伤可破坏人体的组织结构引发炎症反应和组织的损伤修复，而损伤修复的结果既可能是破损组织完美如初的修复，也可能是破损处形成瘢痕组织[2]。

多种防御和修复机制参与了机体对体内外局部袭扰的限制，如屏障修复、免疫应答及细胞的衰老和清除等。其中屏障结构及其损伤修复机制已经在第一章中详细介绍，本章将重点介绍机体免疫应答方式及免疫系统是如何对体内外不同来源的"袭扰子"进行限制的。机体可以通过免疫应答或细胞的衰老和清除等机制来识别"自己",排除"异己"等的袭扰,以维持内环境的稳定,保证人体的正常运转。正常的防御和修复机制能及时发现并清除外来病原体或体内异物等引起机体环境变化的因素,从而使受损害组织的功能得以恢复,保证机体健康,但其功能的亢进也会对自身器官或组织产生伤害。

第一节 固有和适应性免疫应答

免疫应答（immune response,IR）是指机体受抗原刺激后,免疫细胞对抗原分子识别、活化、增殖和分化,产生免疫物质发生特异性免疫效应的过程。这个过程是免疫系统各部分生理功能的综合体现,包括抗原递呈、淋巴细胞活化、免疫分子形成及免疫效应发生等一系列的生理反应。通过有效的免疫应答,机体得以维持内环境的稳定。根据免疫应答识别的特点、获得形式以及效应机制,可将其分为固有免疫应答（innate immunity）和适应性免疫应答（adaptive immunity）两大类,其对应的免疫系统为固有免疫系统和适应性免疫系统。

如何提高机体免疫力？

一、固有免疫应答

1. 固有免疫系统的组成

固有免疫是人类在长期的种系发育与进化过程中形成的一种天然防御功能,即出生后就已具备的非特异性防御功能,因此,又称为非特异性免疫（non-specific immunity）。固有免疫是机体防御病原微生物入侵的第一道防线,主要由生理性保护屏障、固有免疫细胞和固有免疫分子组成。

（1）生理性保护屏障:固有免疫中各种屏障组织是人体抵御病原体入侵的第一道防线,包括体表的皮肤黏膜物理及生化屏障、体内的血脑屏障和胎盘屏障等,在阻止病原体入侵机体时发挥了重要作用（详见第一章）。

（2）固有免疫细胞:固有免疫细胞主要包括单核/巨噬细胞、自然杀伤细胞、树突状细胞、粒细胞（中性粒细胞、嗜酸性和嗜碱性粒细胞）等。固有免疫细胞是机体抵御清除病原微生物的重要细胞,尤其是吞噬细胞,主要是中性粒细胞和巨噬细胞,它们可以直接与某些微生物相互作用以保护宿主。此外,还有一些在先天反应中起重要作用的细胞,如自然杀伤细胞，其可以通过诱导程序性细胞死亡来检测和杀死某些病毒感染的细胞。

（3）固有免疫分子：固有免疫分子包括补体、溶菌酶、凝集素和固有免疫细胞分泌的抗菌肽和各种细胞因子等。补体的主要功能是引起炎症反应（inflammation）、吞噬和穿膜，有助于清除体内的病原体。溶菌酶可以切断细菌表面的聚肽糖，进而破坏细菌的磷脂膜，杀死细菌。抗菌肽一般是通过结合细菌细胞膜导致膜电位的破坏、膜通透性的改变和代谢物的渗漏，最终导致细菌死亡。此外，另一组重要的可溶性分子也是天然防御系统的重要部分，那就是细胞因子。如病毒感染会触发受感染细胞产生干扰素（interferon，IFN），干扰素可以抑制许多病毒的复制，并且不是病原体特异性的。干扰素是一种分泌的细胞因子，可以激活信号转导级联，从而诱导数百个干扰素刺激基因（interferon-stimulated genes，ISGs）。这些ISGs编码的许多蛋白质产品单独或协同工作，以实现一个或多个细胞结果，包括抗病毒防御、抗增殖活动和刺激获得性免疫。

2. 固有免疫应答的特点

固有免疫是机体对外界病原体及体内异物的最初级防御手段，其特点主要包括：（1）即时发挥效应：反应快，固有免疫一般在病原体入侵的数小时内起效，通过快速识别病原体从而将其快速排斥并清除。组织中的巨噬细胞可通过相关模式识别分子（pattern recognition molecules，PRMs）如Toll样受体（toll like receptors，TLRs）来检测入侵微生物上的结构来识别感染并杀伤病原体。此外，基于补体系统的甘露聚糖结合凝集素（mannose binding lectin，MBL），可识别细菌、真菌和病毒表面含有甘露糖的糖分子，从而激活补体级联反应来杀伤病原体。（2）无特异性：固有免疫作用范围广，不针对某一特定抗原的。（3）相对稳定性：受抗原性质、抗原刺激强弱或刺激次数的影响变化不大。（4）无记忆性：初次与抗原接触即能发挥效应，但无免疫记忆功能。

3. 固有免疫应答的分子机制

固有免疫系统可以被病毒、细菌、真菌及寄生虫等产生的病原相关分子模式（pathogen-associated molecular patterns，PAMPs）快速激活。这些PAMPs作为天然的免疫刺激剂来发挥作用，它们与模式识别受体（PRR）的相互作用不仅建立了抵御感染的第一道防线，还为启动抗原特异性免疫应答创造了理想的条件。同样，在机体组织损伤部位，固有免疫应答也可以被各种内源的危险相关分子模式（danger-associated molecular patterns，DAMPs）触发，如细胞内源性代谢产物及高度丰富的蛋白质。各种内外源性损伤均可导致内质网折叠功能紊乱，引起内质网应激，从而导致蛋白质稳态失调。而整合应激反应（integrated stress response，ISR）是蛋白质稳态失调时诱发的信号中心调控网络，主要以控制蛋白质合成速率来实现[3]。如肿瘤细胞中钙网蛋白（calreticulin，CRT）在内质网应激情况下，转位到细胞膜上，从而触发巨噬细胞和树突状细胞（DC）对肿瘤细胞的吞噬。同时，DC在消化被吞噬的肿瘤细胞时，对肿瘤相关抗原进行加工和提呈，由此激发机体的特异性抗肿瘤免疫应答[4]。

为了应对不同的环境和病理条件，如蛋白质平衡缺陷、营养缺乏、病毒感染和氧化应激，ISR可通过重新编程基因表达来恢复平衡。在这个过程中，几种关键激酶可通过诱导真核细胞起始因子2α（eukaryotic initiation factor，eIF2α）的磷酸化。当细胞在受到环境刺激后，应激特异性激酶能够对eIF2a进行磷酸化，从而阻断了eIF2的鸟核苷酸交换因子eIF2B的作用，导致蛋白质合成的普遍减少。ISR与固有免疫应答密切相关。ISR激活及eIF2a的磷酸化产生的翻译抑制可通过降低IκB（NF-κB抑制蛋白）的表达，从而激活NF-κB信号，促进了炎症细胞因子如IL-1β、IL-6的分泌。

同时，eIF2α的磷酸化也触发了特定信使RNA（mRNAs）的翻译，从而增强一些特殊蛋白的翻译，如活化转录因子4（activating transcription factor，4ATF4）。目前已知的是，ATF4可直接上调转录因子C/EBP同源蛋白（C/EBP-homologous protein，CHOP），随后，ATF4和CHOP协同诱导涉及凋亡和自噬机制，从而帮助机体来检测、分离及消灭细胞内病原体。此外，这些mRNAs在其5′-非翻译区含有短的抑制性上游开放阅读框，阻止了其典型的AUG的翻译启动。通过下调一般的mRNA翻译和上调少数蛋白质的合成来驱动新的转录程序，ISR的目标是维持或重建生理稳态。然而，如果不能缓解压力，ISR就会触发细胞凋亡，以消除受损的细胞。

二、适应性免疫应答

1. 适应性免疫系统的组成及作用机制

适应性免疫系统主要由免疫器官、免疫细胞和免疫分子组成，其可介导适应性免疫功能。适应性免疫应答是人类适应生存环境、接触抗原物质后产生的具有针对性的、进化水平更高级的免疫功能。因此，又称为特异性免疫（specific immunity）。

（1）免疫器官

免疫器官又称淋巴器官。根据解剖部位及功能的不同，可分为中枢免疫器官和外周免疫器官。其中，中枢免疫器官也称一级淋巴器官，是免疫细胞发生、分化、成熟的场所。人类或哺乳类动物的中枢免疫器官包括胸腺和骨髓。外周免疫器官称二级淋巴器官，包括淋巴结、脾脏和黏膜相关淋巴组织等。外周免疫器官是成熟 T 细胞和 B 细胞定居的场所，也是介导适应性免疫应答的场所。

（2）适应性免疫应答细胞及分子

与适应性免疫应答相关的细胞主要有 T 细胞和 B 细胞。成熟的 B 细胞主要定居在外周淋巴器官的淋巴小结内，其主要功能是产生抗体介导体液免疫应答和提呈可溶性抗原。抗体（antibody），又称免疫球蛋白，其特异性靶向侵入的病原体，并且擅长于中和体液或胞外间隙中存在的细菌和病毒。它们可通过与病原体表面受体的结合来实现。它们还可以触发集聚和病原体团块沉淀，使巨噬细胞更容易吞噬病原体。最终，它们还可以激活补体系统，这会导致有害细菌的裂解。

T 细胞来源于骨髓中的淋巴样干细胞，在胸腺中发育成熟。主要定居在外周淋巴器官的胸腺依赖区。根据功能的不同可分为几个不同亚群，如辅助性 T 细胞（helper T lymphocytes，Th）、杀伤性 T 细胞（cytotoxic T lymphocyte，CTLs）和调节性 T 细胞（regulatory cell，Treg），其主要功能是介导细胞免疫。

当固有免疫细胞（如巨噬细胞及抗原呈递细胞等）吞噬侵入的病原菌并到达淋巴结后，会通过其细胞表面上称为主要组织相容性复合体（major histocompatibility complex，MHC）的特异性受体将其细胞表面上病原体的抗原呈递给 Th 细胞，从而激活 B 细胞和 CTLs。CTLs 是细胞免疫中攻击病毒感染细胞及肿瘤细胞的特异性杀伤细胞。CTLs 可产生穿孔素、颗粒酶和蛋白酶，甚至使用 FAS 配体信号转导来触发半胱天冬酶级联反应，从而介导感染细胞及肿瘤细胞的凋亡。Th 细胞和 CTLs 在激活时均会释放一些细胞因子，从而募集和促进其他淋巴细胞的增殖，以增强免疫应答。Treg 也是适应性免疫系统的一个重要部分，它充当关键的关闭开关。它通过抑制 T 细胞活性来确保免疫系统不会过度反应并攻击自我抗原或其他非威胁性信号，从而保持免疫应答受控。这些类型的细胞发生功能障碍会导致自身免疫性疾病。研究表明，调节 Treg 的功能可能非常有助于治疗自身免疫性疾病、癌症和器官移植接受者。

2. 适应性免疫应答的特点

适应性免疫能识别特定病原微生物（抗原）或生物分子，最终将其清除。适应性免疫在识别自我、排除异己中起了重要作用。其特点主要有后天获得、发挥效应缓慢，具有特异性和记忆性[5]。

（1）后天获得：适应性免疫是人体在出生以后逐渐建立起来的后天防御功能，包括经后天感染某些疾病，机体病愈后产生的免疫功能，以及人工预防接种后，机体获得的抗感染能力。

（2）发挥效应缓慢：适应性免疫在首次暴露于新抗原后需要时间形成，通常需要几天以上。

（3）特异性：仅限于攻击先前遇到过的特异抗原，并且针对这种抗原的后续反应比首次暴露后出现的那些反应更迅速且更有效。

（4）记忆性：适应性免疫将从最初的损害中"吸取教训"，使身体准备好以防止在将来暴露在类似的有害物质下。一旦感染和免疫应答的峰值已过，一些剩余的已经过训练可识别特异性抗原的 T 和 B 细胞就会被保存为记忆 T 细胞和记忆 B 细胞。如果后续接触到该特异性抗原，则这些记忆细胞会再次增殖并产生活性。

第二节　限制外源性"袭扰子"

"袭扰子"是主要的局部袭扰因素，外源性"袭扰子"主要是指外来的病原体及其他非感染性物质。在一些特定情况下，外源"袭扰子"突破皮肤和黏膜等屏障，侵入机体内部，引发机体一系列的病理生理和免疫反应。这些反应主要包括吞噬、胞外诱捕网、血管收缩和血栓形成、自限性炎症及包囊作用等，可有效帮助机体将外源"异物"与周围组织分隔开，从而限制"异物"对机体的进一步影响。

一、吞噬作用

（一）吞噬细胞概述

吞噬作用是机体的第二道防线，称为固有免疫。当微生物病原体等"袭扰子"穿透机体的皮肤或黏膜屏障到达体内组织后，首先遇到吞噬细胞的吞噬作用。机体内具有吞噬功能的细胞统称为吞噬细胞，人类的吞噬细胞分为两大类，一类是小吞噬细胞，主要是血液中的中性粒细胞；另一类是大吞噬细胞，即血液中的单核细胞、组织中的巨噬细胞，如神经系统内的小胶质细胞。吞噬细胞的作用是非特异性地吞噬、杀伤和消化入侵的病原体。

（二）吞噬细胞杀伤病原体的过程及结局

吞噬作用在机体抵御微生物病原体的过程中十分关键。当吞噬细胞

"嗅到"入侵病原体释放的化学信号后，会追逐病原体通过其表面受体与病原体上的一些特定分子结构结合。此时，吞噬细胞表面的黏附分子黏住病原体，开始了吞噬作用。首先由伪足沿着与病原体结合的部位从四周伸展包围，最后收口直至脱离质膜形成吞噬体。随后，形成的吞噬体进入胞质后与细胞内溶酶体接触并融合，产生吞噬溶酶体，从而杀死细胞内的病原体。这个过程与细胞内释放的活性氧（ROS）、溶菌酶及抗菌肽等有关（图2-1）。

同时，吞噬细胞，如中性粒细胞内部含有大量的颗粒物质，通过释放颗粒物质与细胞外的病原体相互接触，对病原体进行破坏和清除，此过程称为脱颗粒作用（degranulation）。这一生理过程产生了多种细胞内含物，如基质金属蛋白酶（MMPs）可以降解细胞外基质并破坏病原体的细胞膜，进而引起病原体死亡。这个过程也主要依靠病原体和中性粒细胞相互接触来激活，因为这样可以保证释放的颗粒物质和病原体非常接近（图2-1）。

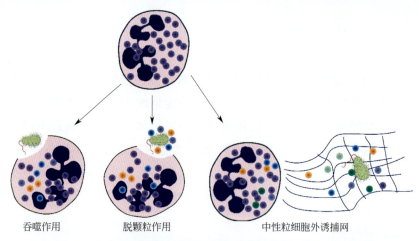

图2-1　中性粒细胞清除外源"袭扰子"的三种机制

吞噬细胞吞噬病原体后，有完全吞噬和不完全吞噬两种结果。①完全吞噬：病原体完全被吞噬细胞清理或杀死；②不完全吞噬：病原体未被吞噬细胞杀死，而是被吞噬细胞携带转移至他处，引起扩散。不完全吞噬常发生在某些胞内寄生菌，如结核杆菌或病毒等病原体中，当机体免疫力低下时，这些病原体可能只是被吞噬而未被杀死。不完全吞噬对机体不利，因病原体在吞噬细胞内得到保护；有的病原体甚至能在吞噬细胞内生长繁殖并随吞噬细胞经淋巴液或血液扩散。当机体吞噬细胞杀伤能力增强时，不完全吞噬可转变为完全吞噬，如巨噬细胞功能显著增强，可促进结核杆菌等隐性感染患者的康复。

二、局部血管收缩和血栓形成

局部血管收缩和血栓形成不仅可用于止血，而且还可帮助防止入侵病原体的传播和毒素的扩散。局部血管收缩，毛细血管通透性降低，减少局部血流，可以防止病原菌及其毒素的进一步扩散。同时，血管收缩阻止热量散失，促使机体局部发热，而发热则是机体对抗感染的一种生理反应。

在病原菌感染中，一些细菌产物可直接激活血小板，并协调中性粒细胞和单核细胞启动和促进血栓形成。血栓是凝血系统中的血小板、白细胞、内皮细胞和凝血蛋白被迅速激活导致血液中的某些成分凝集或凝固而形成的固体质块。形成的血栓在一定程度上可保护机体来限制入侵的病原体。其发生机制可能是通过以下方式实现的：①血栓可以将细菌包含在内来限制细菌传播；②形成纤维蛋白网，限制病原菌的扩散，使病灶局限；③在细菌所在的血栓内部和周围协调有效的抗菌免疫反应。

但当机体免疫力较差时，病原体突破局部防线，通过静脉血管入侵到血液循环中，会激活血小板和纤维蛋白原，导致血栓大量形成。如果机体免疫力能及时恢复，造血器官产生的新生白细胞能及时补充增援，这些血凝块会逐渐溶解，否则血凝块会越聚越多，形成静脉血栓，这也是弥散性血管内凝血等脓毒性休克症状的主要原因；一些静脉血栓受血流冲击容易脱落，沉积在细小的肺动脉中，堵塞血管，O_2在血液中输送障碍，从而导致胸闷、急喘、面色发绀等缺氧症状，严重时还会导致患者猝死[6]。

三、胞外诱捕网的释放

胞外诱捕网（extracellular traps，ETs）的释放是近年来新发现的一种由DNA和抗菌蛋白组成的固有免疫防御机制，这种网络对局部控制入侵的病原体非常有效。其中，最著名的是中性粒细胞胞外诱捕网（neutrophil extracellular traps，NETs）[7]。NETs是中性粒细胞除吞噬作用和脱颗粒作用以外的第三种杀菌机制，当中性粒细胞检测到病原体威胁时，就会弹射出DNA网格，以解聚的DNA为骨架，并与中性粒细胞颗粒蛋白组成一种网状结构（图2-1）。

（一）NETs的形成及抗菌机制

NETs主要由多形核中性粒细胞（polymorphonuclear neutrophils，PMNs）产生。PMNs在接受刺激后活化，形态发生一系列变化，最终形成NETs。最初，PMNs外形从球状变为扁平，胞内形成数目众多的液泡。随后 PMNs 在核膜保持完整的情况下，染色体开始解旋，核膜形成一些特殊的液泡，颗粒蛋白和核酸物质混合于液泡中，然后胞内膜纷纷破裂，核酸物质和颗粒蛋白融合，但细胞质膜始终保持完整。最后，大部分细胞死亡，细胞质膜破裂，高度活跃的核酸和蛋白混合物释放到胞外，展开形成可以捕杀细菌的 NETs。NETs 中网状结构由 DNA 核心和各种颗粒酶等组成，不含任何其他细胞骨架蛋白，能够固定和吞噬杀灭入侵的微生物。其中，颗粒蛋白主要包含由弹性蛋白酶、组织蛋白酶 G、髓过氧化酶（myeloperoxidase，MPO）等蛋白组成的原发颗粒及由乳铁蛋白、明胶酶等蛋白组成的继发颗粒等。同时，NETs 的形成伴随着中性粒细胞的死亡，这种方式又被称为中性粒细胞坏死（NETosis）。

NETs 为宿主细胞捕获和杀灭胞外微生物提供了一种新的途径，在固有免疫系统中起着重要的作用。机体被感染后，中性粒细胞被招募到感染部位，通过释放 NETs 参与宿主保护。在炎症免疫反应阶段，高度活化的中性粒细胞可形成 NETs，并在局部提供高浓度的抗菌分子，捕获并杀死各种病原体，快速控制病菌在体内感染及扩散，发挥抗菌作用。其抗菌作用主要体现在以下 3 个方面：

1. 物理屏障作用

DNA 组成的 NETs 纤维样网状结构能防止或延缓病原微生物在机体内的进一步扩散。

2. 抗菌物质的富集作用

DNA 组成的 NETs 纤维样网状结构为抗菌蛋白和酶提供了一个"安家落户"的场所，提高了抗菌物质的局部浓度。

3. 化学性杀菌效应

通过来自中性粒细胞的各级颗粒所释放的杀菌蛋白，特别是杀菌/通透性增强蛋白及弹性蛋白酶等对病原体进行杀伤。

（二）NETs 过度活化与疾病

中性粒细胞具备如此强大的破坏性，因此机体对每天产生的中性粒细胞的数量必须进行非常严格的管控。NETs 犹如一把双刃剑，既可以作为杀伤病原体的重要利器，也可能会对宿主自身造成严重的损害，因此被称为"分不清正义和暴力的矛盾集团"，其过度浸润和失控激活可能导致正常组织结构的破坏和不受控制的炎症。例如，与 NETs 相关的细胞毒性蛋白质能够损伤宿主细胞、激活血小板以及诱导抗机体蛋白质自身抗体的产生。因此，NETs 被认为在自身免疫性疾病、血栓形成、转移性癌症等多种疾病中扮演着重要角色。

1. 自身免疫病的发生

自身免疫病的发生主要是因为机体自身反应性淋巴细胞异常活化，从而攻击自身的细胞或组织引起的相关疾病。而固有免疫细胞也可参与疾病的发生、发展过程。例如中性粒细胞作为参与自身免疫病病理进程的多种细胞之一，具有强大的细胞毒性潜能，其受到刺激后产生的 NETs 可能是驱动自身免疫病发生的自体抗原来源之一。类风湿性关节炎（rheumatoid arthritis，RA）是一种常见的自身免疫病，RA 患者的中性粒细胞形成含有瓜氨酸蛋白的 NETs，在肽酰基精氨酸脱亚氨酶的作用下，瓜氨酸残基会取代精氨酸生成"自身抗原"瓜氨酸化蛋白，并进一步产生这些蛋白的自身抗体。事实上，RA 患者早期血清中抗瓜氨酸蛋白的抗体出现可以作为疾病的一种标志物，其在症状发生之前即可被检测到。此外，另一种自身免疫病系统性红斑狼疮（systemic lupus erythematosus，SLE）可释放高迁移率族蛋白 1（HMGB1），并通过晚期糖基化终末产物受体（receptor for advanced glycation endproducts，RAGE）结合 DNA 和抗 DNA 自身抗体，激发中性粒细胞释放 NETs，引发抗 DNA 自身抗体所致狼疮肾炎的肾脏损害。

类风湿性关节炎

系统性红斑狼疮

2. 大量血栓形成

局部 NETs 可通过两种不同的机制来激活血栓形成，从而达到止血及限制外源病原体的目的。NETs 的负电荷表面和组织因子（tissue factor，TF）等能分别激活内源性凝血通路和外源性凝血通路，从而激活血小板，抑制凝血调节素，促进血小板聚集和血栓形成。但当 NETs 释放不再局限于局部，而是发生在系统层面，过度激活 NETs 会堵塞血管，引发血栓形成，产生过多的血栓则可能是致病性的。

内源性凝血通路和外源性凝血通路

3. 诱发肿瘤

NETs 可能以多种方式影响局部肿瘤的生长和进展。NETs 能补充额外的中性粒细胞，介导促炎反应，并通过白细胞介素-8（IL-8）级联反应，促进血管生成和肿瘤生长。NETs 中多种蛋白的释放可以促进肿瘤的生长和发展。例如，IL-8 或 MMP-9 触发的细胞外基质释放血管内皮生长因子可促进肿瘤的血管生成。此外，NETs 中的 DNA 与肿瘤转移也密切相关。NETs 在发生肝脏转移的乳腺癌和结肠癌患者体内水平较高，而且肝脏或肺脏中的 NETs 往往能够吸引肿瘤细胞来形成远端癌症转移。最近的研究证实，NETs-DNA 可通过肿瘤细胞上的跨膜蛋白 CCDC25 来增强肿瘤细胞的运动性，并促进肿瘤细胞的转移。因此，靶向作用跨膜蛋白 CCDC25 或有望成为防治肿瘤转移的新型潜在策略。

4. 重症新型冠状病毒性肺炎

最新的研究表明，新型冠状病毒性肺炎（corona virus disease 2019，COVID-19）患者的血清、气管抽吸样本、肺组织活检中发现 NETs 浓度上升，外周血中性粒细胞可产生高水平的 NETs。NETs 的激活程度与 COVID-19 的严重程度密切相关，重症 COVID-19 患者体内的 NETs 激活迹象明显多于病情较轻的患者。因此，NETs 有可能成为 COVID-19 严重程度的生物标志物之一。同时，NETs 的生成失调以及与血小板之间的相互作用可能是 COVID-19 免疫血栓形成的机制，血栓形成是 COVID-19 患者症状加重及死亡的重要原因之一。因此，通过抑制 NETs 的生成，可能是治疗 COVID-19 的新途径。最新的研究发现，在新生儿脐带血中发现的一种名为"新生儿 NETs 抑制因子（nNIF）"的小蛋白可以抑制接受 COVID-19 患者血浆治疗的白细胞过度活跃的 NETs 反应。此外，与目前正在 COVID-19 患者测试的阻断整个免疫系统的其他药物相比，这种有针对性地阻断 NETs 的方法可能更有效、副作用更少。

四、包囊作用

包囊作用是一个较慢的过程，外来袭扰子被吞噬细胞、成纤维细胞和胶原蛋白包围，通过产生"异物反应"将其与健康组织隔离。"异物反应"是指机体对任何外来物质介入时所发生的反应，是宿主对抗袭扰子重要的防御机制之一。

包囊作用与吞噬作用的区别在于，一般包囊作用中包裹的袭扰子较大，体积往往大于单一的吞噬细胞，所以，包囊作用会以袭扰子为中心，大量吞噬细胞在异物表面上完全伸展，呈扁平化，共同将"异物"包裹起来。同时，周围有大量成纤维细胞、淋巴细胞及胶原蛋白等包绕，最后通过局限性浸润和增生形成结节状病灶，称为肉芽肿（granuloma）[8]。

（一）肉芽肿的分类

根据包裹的袭扰子不同，肉芽肿可分为感染性肉芽肿、异物性肉芽肿及结节病肉芽肿。

1. 感染性肉芽肿

感染性肉芽肿是指由外来病原体（细菌、梅毒螺旋体、真菌、寄生虫等）感染引起的肉芽肿。能形成具有特殊结构的细胞结节。常见的感染性肉芽肿，如结核病是由结核分枝杆菌引起的肉芽肿性炎症，其病变特征是形成典型的结核性肉芽肿，该结节的中央为干酪样坏死，周围伴有增生的上皮样细胞和朗格汉斯多核巨细胞，并伴有淋巴细胞和成纤维细胞。

2. 异物性肉芽肿

异物性肉芽肿是指由非感染性异物（外科缝线、粉尘、滑石粉、木刺等）引起的肉芽肿。病变以异物为中心，周围有多量巨噬细胞、异物巨细胞、成纤维细胞和淋巴细胞等包绕，形成结节状病灶。

3. 结节病肉芽肿

结节病肉芽肿是指结节病发生时的非坏死性上皮样细胞肉芽肿。结节病是一种尚未明确病因的全身性疾病，该肉芽肿主要由上皮样细胞、多核巨细胞和淋巴细胞构成，无干酪样坏死。

（二）肉芽肿的作用及潜在危害

通过包囊作用形成局部肉芽肿不仅对外来病原体引起的感染有限制作用，同时对肿瘤的发生、发展也起到一定的抑制作用。例如，化学致癌物甲基胆蒽（MCA）能引起机体细胞 DNA 损伤而导致肿瘤的发生，局部组织可以在干扰素-γ（IFN-γ）的作用下通过包囊作用将 MCA 包裹形成纤维化囊，而包裹的 MCA 即使在小鼠体内长期存在也不会导致肿瘤的发生。因此，包囊作用形成的局部肉芽肿可以减少 MCA 诱导的 DNA 损伤，从而抑制肿瘤的发生、发展。

局部肉芽肿在一定程度上能限制感染或恶变，但系统性肉芽肿则会引起炎症反应异常，通常会出现在一系列感染性疾病，如结节病、克罗恩病和类风湿性关节炎中。例如，克罗恩结肠炎（Crohn colitis）又称肉芽肿性结肠炎，是一种慢性、免疫介导的肠道炎症疾病，其特征是反复发作的肠道炎症和不可逆的消化道损伤累积，可侵犯肠系膜和局部淋巴结，病变局限于小肠（主要为末端回肠）和结肠。

五、感染引起的炎症反应

炎症（inflammation）反应是机体一种重要的免疫防御机制，是身体在损伤发生后试图保护机体抵抗"外敌"侵入、修复受损组织的行为。最常见的炎症往往是由病毒或细菌感染引起的，前者可侵入机体细胞并将其杀死，后者通过释放一种叫内毒素的物质来激发炎症反应。

正常的炎症反应是人体免疫力的一种表现，对人体是有利的，如果没有炎症，伤口感染可能恶化而变得致命。局部炎症是有血管系统的活体组织对损伤因子所发生的对刺激的一种防御反应，表现为红、肿、热、痛。炎症是对组织损伤或感染做出的一种生理反应，通常情况下其具有自限性。但是，炎症也是有潜在危害的，不可控的炎症反应还会扩散至全身，引起全身性细胞因子风暴（cytokine storm），进而导致身体功能紊乱[9]。

（一）局部炎症的作用

局部血管扩张，血液缓慢，血浆及白细胞等血液成分渗出到组织内。炎症发生后的变化及反应主要包括：

1. 血管的变化

组织损伤后，首先发生的是血管迅速收缩，随后又扩张，血流量及血管通透性增加，导致一些蛋白质从血管渗出到组织，其中就包含凝血因子和抗体，前者能帮助阻断病原体的进一步传播，后者则通过其介导的生物学效应可以杀死入侵的微生物。

2. 细胞的变化

受损组织中白细胞的聚积是炎症反应的一大特征，最多的是吞噬细胞，能够吞噬细菌和细胞残骸。急性炎症中涉及的白细胞主要为中性粒细胞。当机体受到轻微损伤时，血液中的中性粒细胞就已足够应付，但损伤较重时，需要骨髓中的中性粒细胞前体分化成熟，释放入血。

多数情况下，由于机体抵抗力较强，或经过适当治疗，病原微生物被消灭，炎症区坏死组织和渗出物可以被溶解、吸收，通过周围健康细胞的再生达到修复，最后完全恢复组织原来的结构和功能。因此，炎症反应具有一定的自限性。

（二）全身性炎症的危害

炎症是把双刃剑，一方面其可以清除异物，促进组织修复，维护机体内环境的稳定；另一方面，免疫细胞并不总是能精准打击病原体，释放的杀伤性物质也会损伤正常组织，导致组织细胞内的核酸、内源性热休克蛋白等物质被释放，从而进一步促进炎症反应，持续失控的炎症又会让组织损伤不断累加。因此，在正常情况下，机体需要对炎症反应进行精确调控，使释放的细胞因子和招募来的免疫细胞规模与感染的程度相匹配。

当患者抵抗力低下时，或在外源病原体毒力强、数量多的情况下，病原体可不断繁殖并直接沿组织间隙向周围组织、器官蔓延，或通过淋巴管和血管向全身播散。当病原微生物在体内蔓延扩散时，机体炎症反应失控，就会出现明显的全身性炎症反应，如大量的细胞因子生成并进入血液循环中，全身各处的免疫细胞将被大量激活，在短期内引起广泛的炎症反应，称为细胞因子风暴或者炎症风暴。全身性炎症反应可造成多种组织和器官损伤，使机体发生多器官衰竭甚至死亡，如新型冠状病毒性肺炎引发机体的细胞因子风暴。

新型冠状病毒性肺炎引发机体的细胞因子风暴

第三节 限制内源性"袭扰子"

机体免疫系统可识别病原微生物等外来物，并激活免疫反应来限制或消灭这些致病因子。同样，机体也可通过免疫应答或细胞衰老和清除等机制来识别体内来源的袭扰子。内源性袭扰子产生的常见因素包括"DNA损伤及修复失败""蛋白质的错误积累"和"细胞器功能失调"等，这些可造成肿瘤细胞的发生或衰老细胞的清除障碍等。本节将重点介绍机体对内源性袭扰子，如肿瘤细胞或衰老细胞的清除及逃逸机制，而有关于"DNA、蛋白质和细胞器损伤及稳态"的机制详见第六章。

一、肿瘤细胞的特点及清除机制

在正常生理状态下，人体细胞的生长、分裂、寿命和生物学功能会受到严格的管理和控制，这些管控主要遵循3大基本规律：①未被允许的情况不能进行分裂；②每个细胞都有自己固定的物理范围和"邻居"，不得随意在体内移动；③每个细胞都有预定的寿命。一旦以上一种或者全部规则被打破，细胞就会处于病理的不受控状态，如果不能被及时纠正，最终会发展为"完全失控"的状态，即为肿瘤的发生。

肿瘤细胞具有分裂不受控制、细胞寿命长、侵袭并影响正常组织细胞生物学功能等特点。此外，肿瘤细胞具有较高的异质性，机体固有免疫系统可通过识别肿瘤细胞表面的肿瘤特异抗原（tumor specific antigen，TSA）或肿瘤相关抗原（tumor-associated antigen，TAA），来激活特异性免疫（又称为获得性免疫），来清除体内的肿瘤细胞，从而来保持机体内环境的稳定[10]。

（一）"肿瘤免疫编辑"理论

肿瘤免疫是机体固有和获得性免疫系统控制肿瘤生长和塑造肿瘤免疫原性的过程。美国肿瘤生物学家希雷伯（R.D Schreiber）于2002年提出了一个被称为"肿瘤免疫编辑"（cancer immunoediting）的理论。该理论认为肿瘤免疫编辑的过程可分为3个阶段，即清除、平衡和逃逸。①清除：又称肿瘤免疫监视，是指免疫系统识别和破坏新形成肿瘤细胞的过程。例如干扰素-γ（IFN-γ）的产生、自然杀伤（natural killer，NK）细胞的激活及肿瘤抗原的提呈等。②平衡：一些变异的肿瘤细胞逃过了免疫监视的"清除"作用而存活下来，此时，它们与免疫系统的关系就进入了一种"平衡"状态。在这种状态下，肿瘤细胞的抗原性减弱，不会轻易被免疫系统识别和清除，但其始终处在免疫系统的清除压力下，不能过度生长。③逃逸：缺乏足够免疫原性的肿瘤细胞会逐渐生长并扩散为可见的肿瘤，以逃避免疫监视，浸润局部组织并向远处扩散[11]。

（二）肿瘤细胞的免疫清除

机体抗肿瘤作用主要是通过固有和获得性免疫系统的激活来介导肿瘤细胞的吞噬、坏死或凋亡。主要参与肿瘤细胞免疫清除的细胞和分子有 T 细胞、NK 细胞、巨噬细胞及抗体等。

1. T 细胞

$CD8^+$ T 细胞，又称细胞毒性 T 细胞（CTLs），是免疫系统杀伤肿瘤细胞最重要的武器。CTLs 的激活需要抗原提呈细胞（APC）摄取肿瘤抗原，并通过主要组织相容性复合体Ⅰ（MHC-Ⅰ）分子将抗原以肽的形式提呈给 CTLs，从而杀伤肿瘤细胞。此外，$CD4^+$ T 辅助细胞（Th）还可以通过分泌 IFN-γ 促进肿瘤细胞表达 MHC-Ⅰ来增强 CTLs 的肿瘤杀伤作用。

2. NK 细胞

NK 细胞可直接杀伤肿瘤细胞。NKG2D 是 NK 细胞表面的杀伤活化受体，其配体在多种肿瘤，如乳腺癌、胃癌、肺癌等肿瘤细胞中呈异常表达或高表达。NK 细胞可通过 NKG2D 识别并杀伤肿瘤细胞。

3. 巨噬细胞

巨噬细胞能够识别并清除肿瘤细胞，但随着肿瘤的发生、发展，又对肿瘤的生长、侵袭、转移起关键作用，一般认为，巨噬细胞对肿瘤发展的作用取决于其 M1 和 M2 的极化状态。M1 型巨噬细胞可通过一氧化氮（NO）、肿瘤坏死因子-α（TNF-α）等杀伤肿瘤细胞；对应的 M2 型巨噬细胞可以分泌血管内皮生长因子（VEGF）和转化生长因子-β（TGF-β）等促进肿瘤细胞的生长。

4. 抗体

肿瘤患者体内可由 B 淋巴细胞产生针对肿瘤抗原的抗体，这些特异性的抗体不仅可抑制肿瘤细胞的生长，还可通过抗体依赖细胞介导的细胞毒作用（ADCC）杀伤肿瘤细胞。

（三）肿瘤细胞的免疫逃逸机制

肿瘤细胞在多种因素的作用下逃脱机体免疫系统的监视后，便可在体内迅速分裂、增殖，加速肿瘤的恶化，称为肿瘤免疫逃逸（tumor immune escape）。肿瘤逃脱免疫监视的原因十分复杂，主要包括以下 5 个方面（图 2-2）[12]。

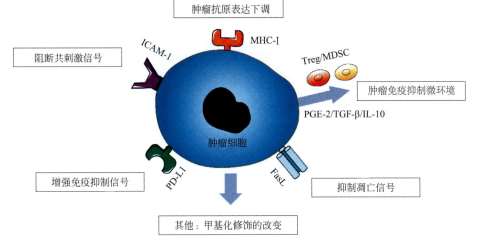

图 2-2 肿瘤免疫逃逸的分子机制

1. 肿瘤抗原的表达下调

肿瘤抗原性的丢失或改变影响了 T 细胞受体（TCR）对 MHC 分子抗原肽复合物的识别，使 CTLs 失去了对肿瘤细胞的识别和杀伤作用，从而逃避了机体的免疫监视，导致肿瘤免疫逃逸的发生。

2. 肿瘤细胞低表达 MHC 和共刺激分子

肿瘤细胞中 MHC Ⅰ类分子的表达有不同程度的降低，且分化差的肿瘤细胞 MHC Ⅰ表达更弱，因此低表达 MHC 分子的肿瘤可逃避免疫监视而生存。此外，CTLs 的激活除了 MHC 分子的提呈外，还需要有效的共刺激信号。如果肿瘤细胞低表达 CD80、CD86 及细胞间黏附分子-Ⅰ（ICAM-Ⅰ）等共刺激分子，而高表达程序性死亡受体–配体 1（PD-L1）等负向调节信号，也将无法有效诱导抗肿瘤免疫应答，从而产生免疫耐受。

程序性死亡受体—配体 1

3. 肿瘤细胞表观遗传信息的变化

高通量组学技术研究对比肿瘤细胞和正常细胞发现，在肿瘤细胞内部以 DNA 甲基化及组蛋白修饰为代表的表观遗传信息发生了显著的变化。例如组蛋白 H3K27me3 的去甲基化酶 UTX 的突变参与 T 细胞急性淋巴细胞白血病的发生。

4. 肿瘤细胞凋亡的抑制

Fas 属于 TNF 受体家族，与其配体 FasL 结合能介导细胞凋亡。肿瘤细胞低表达或不表达 Fas 可使其免受免疫细胞的攻击，从而削弱机体抗肿瘤免疫应答能力。除 Fas 以外，肿瘤还可通过破坏死亡受体（DR5）反应、瓦解 Bcl-2 蛋白的平衡、凋亡抑制蛋白的失调以及减弱 Caspase 酶活性等方式来抑制细胞凋亡，从而使恶变细胞在免疫监视过程中抵抗自身细胞的凋亡。

5. 肿瘤免疫微环境的抑制信号

肿瘤免疫微环境（tumor immune microenvironment，TIME）是指肿瘤细胞周围存在的微环境，包括周围的血管、免疫细胞、成纤维细胞、骨髓源性炎性细胞、各种信号分子和细胞外基质。肿瘤和周围环境密切相关，不断进行交互作用，肿瘤可以通过释放细胞信号分子影响其微环境，促进肿瘤的血管生成和诱导免疫耐受。TIME 中存在多种免疫抑制细胞及因子，可介导肿瘤免疫逃逸。常见的免疫抑制细胞：①调节性 T 细胞（Treg）；②肿瘤相关巨噬细胞（TAM）；③骨髓来源的抑制性细胞（MDSC）；④肿瘤干细胞。同时，TIME 还产生前列腺素 E_2（PGE_2）、转化生长因子-β（TGF-β）、白细胞介素-10（IL-10）、趋化因子及代谢酶等多种免疫抑制因子使免疫系统的功能受到抑制。

二、衰老细胞的特征及清除机制

细胞衰老（cell aging）最早由海夫利克于 1961 年提出，是指一种细胞命运，主要是指细胞在执行生命活动过程中，随着时间的推移，细胞增殖与分化能力和生理功能逐渐发生衰退的变化过程。衰老细胞可被机体的免疫系统清除，同时新生的细胞会弥补衰老死亡的细胞，这种动态平衡是维持机体正常生命活动的基础[13]。

（一）衰老细胞及其特征

衰老细胞（senescent cells，SNCs）生长周期停滞的一个主要驱动力是一种慢性 DNA 损伤反应（DDR），未及时清除的损伤 DNA 可成为细胞周期激活的抑制剂。此外，端粒缩短、癌基因的激活、氧自由基的积累、有丝分裂缺陷、线粒体功能障碍以及未折叠蛋白反应，都会让细胞做出"停止生长"的决定。衰老细胞的特征主要包括稳定细胞周期停滞、形态学和代谢变化、染色质重构和基因表达改变以及出现衰老相关分泌表型（senescence-associated secretory phenotype，SASP）等。

1. 稳定细胞周期停滞

衰老细胞生长停止，无法进行细胞分裂。细胞周期停滞由 p53-p21CIP1 和 p16INK4A- 视网膜母细胞瘤蛋白（pRB）肿瘤抑制基因通路所介导。

2. 形态学和代谢变化

衰老细胞增大并呈扁平形状，且出现广泛空泡化，有时为多核。衰老细胞线粒体功能失调，并表现为活性氧水平升高；溶酶体则表现为内容物增加和活性改变。

3. 染色质重构和基因表达改变

衰老细胞的标志特征是广泛的染色质重构，最显著的是衰老相关异染色质簇集（senescence-associated heterochromatin foci，SAHF）的形成。这些兼性异染色质位点在细胞增殖基因的沉默中发挥作用，包括 E2F 靶标基因，如细胞周期蛋白 A（cyclin A）等。

4. 衰老相关分泌表型

衰老细胞常常会出现一种促炎症的衰老相关分泌表型（SASP），可介导非细胞自主的衰老效应。SASP 由分泌的细胞因子，如趋化因子和生长因子，以及蛋白酶等复杂混合物组成，这些分泌因子促进与相邻细胞和免疫系统的通信，最终影响衰老细胞的命运。

（二）衰老细胞的生物学作用

衰老细胞的生物学作用复杂，主要取决于相应的生理环境。细胞衰老对机体对抗某些疾病和不利因素具有一定的正面价值，如在胚胎发育过程中，细胞衰老是一种主动必要的现象。当细胞发生突变或者受损时，通常会停止分裂和复制，以免将这种损害传递给子细胞。因此，受损的细胞"衰老化"，可能是机体的一种自我保护机制，对于创伤修复、阻止癌细胞生长等，都具有积极作用。

然而当衰老细胞在体内积累，无法被免疫系统及时清理，就会出现很多问题。衰老细胞会不断分泌一系列的致炎因子 SASP，这些致炎因子会导致慢性炎症，伤及周边的健康细胞，导致衰老相关的组织损伤和变性。SASP 还可通过分泌促进血管生成、细胞外基质重塑或上皮−间质转化（epithelial-to-mesenchymal transition，EMT）的因子来促进肿瘤细胞发展。而且，衰老诱导的慢性炎症可引起系统性免疫抑制，可能导致包括癌症在内的多种疾病的发生。此外，SASP 还会帮助衰老细胞对抗免疫系统的清除，这也进一步导致了衰老细胞的积累。积累的衰老细胞会分泌更多的 SASP，造成慢性炎症，导致免疫力持续下降。如此循环，衰老细胞会越来越多，从而加速机体的衰老。

（三）衰老细胞的清除机制

免疫细胞是人体"最好的医生"，它可以抵御病原菌的入侵，也可以清扫体内的衰老及肿瘤细胞等。与清除肿瘤细胞的机制相似，衰老细胞的清除也与 T 细胞、NK 细胞、吞噬细胞等相关。衰老细胞表面的糖蛋白会发生改变，这种改变将使其作为抗原被抗原提呈细胞识别并提呈，从而促进特异性的 CTLs 的产生与活化，最终裂解衰老细胞。而 NK 细胞作为固有免疫细胞中最核心的细胞，在清除衰老细胞也发挥着重要作用。NK 细胞被激活后可通过释放穿孔素来快速杀伤衰老细胞，同时 NK

细胞可以活化吞噬细胞，增加它对衰老细胞的吞噬能力，从而维持机体的内环境稳定。最新的研究还发现，有一种特殊的免疫细胞，即恒定自然杀伤T（iNKT）细胞，对衰老细胞有选择性细胞毒性作用，可显著清除小鼠模型中的衰老细胞。

免疫细胞可清除衰老细胞，但是另一方面自身也伴随着衰老的发生，称为"免疫衰老"。免疫衰老会让机体慢慢失去清除病原体、衰老细胞及肿瘤细胞的能力，也会影响疫苗接种的有效性，变相增高患病率、死亡率。因此，如果能解决免疫衰老的问题，就可以增加机体抵抗感染、衰老及肿瘤的能力。因此，将"年轻的"免疫细胞移植到机体内，能够在一定程度上逆转衰老的进展。NK免疫细胞疗法是目前常用的抗衰老细胞免疫疗法，通常采集人体自身的NK细胞，经过体外诱导、培养、扩增，使其数量和质量成千倍增加，再回输到体内，以此来激活并增强自身免疫功能，及时识别并清除体内的衰老和死亡的细胞。

通过免疫系统的识别和杀伤作用，衰老细胞可被免疫细胞释放的穿孔素和颗粒酶等物质诱导坏死或凋亡。同时，衰老细胞也能启动自身的自噬作用，促使溶酶体释放各种水解酶，分解衰老细胞，其产生的有用成分被吸收利用，无用成分通过新陈代谢排出体外。因此，衰老细胞的清除最终都是通过凋亡、坏死和自噬三个过程来实现的（细胞死亡的方式及清除详见第三章），及时清除人体的衰老细胞不但可以延缓机体衰老，还可以防止衰老相关疾病的发生。

三、其他内源性"袭扰子"的限制

1. 蛋白淀粉样纤维化

淀粉样蛋白是蛋白质错误折叠形成某种形状的聚集体后并纤维化。当正常蛋白质失去其生理功能后在细胞周围的斑块中形成纤维沉积物时，便会形成致病性淀粉样蛋白。在人体中，蛋白淀粉样纤维化与多种疾病的产生密切相关，如阿尔兹海默症、帕金森病、Ⅱ型糖尿病等等。淀粉样变疾病的发病原因尚不清楚。许多疾病与衰老相关，并涉及野生型蛋白的聚集。比如包括β淀粉样蛋白和tau蛋白在阿尔茨海默病中的沉积，以及α-突触核蛋白在帕金森病中的沉积。

蛋白质淀粉样纤维化的致病机理目前尚不明确，这源于其过程的复杂多样性[14]。例如，不同疾病中蛋白质淀粉样纤维化的形式不同，其发生具有不确定性，有些甚至具有可遗传性；蛋白质淀粉样纤维在组织中的堆积可发生在细胞内亦可发生在细胞外。蛋白质淀粉样变性过程中通常包含四种典型结构，即单体（monomer）、寡聚体（oligomer）、原纤维（protofibril）和纤维（fibril）。成熟的蛋白质淀粉样纤维通常具有生物毒性，早期的研究认为组织中巨大的纤维沉积损害细胞活性并诱发相关的疾病。近期的一些研究则认为作为中间产物的寡聚体拥有比成熟纤维更高的生物毒性。Meenakshi Verma 等人基于帕金森症和阿尔兹海默症系统描述了蛋白质淀粉样纤维化过程并讨论了不同产物的生物毒性差异。

为了预防和治疗蛋白质淀粉样纤维化疾病，越来越多的研究着眼于寻找可抑制蛋白质淀粉样纤维化过程的物质，预防疾病的发生。例如，已发现分子伴侣可抑制动物模型中的蛋白质聚集，但尚未对其作用机制进行定量分析。同时，一些小分子可通过调控蛋白质淀粉样纤维化过程，使蛋白质维持在原始状态，进而预防淀粉样纤维化疾病的发生。除此之外，一些蛋白质（如 αβ-晶状体蛋白）、多酚类、有机染料等均可不同程度地抑制蛋白质纤维化过程。

2. 癫痫和心律不齐

癫痫和心律不齐是另一个扰动遏制性疾病的例子，在这类疾病中，局部电生理扰动在空间上或暂时性无节制地扩散是致病性的。因此，通过消除病灶或抑制兴奋性通路可以对相关疾病进行治疗。而且，通过基因操纵降低神经元系统兴奋性，还可以延长实验线虫和小鼠的寿命[15]。

总之，机体可以通过多种机制来限制各种因素诱导的损伤和炎症反应。如消除病原体、新生肿瘤和衰老细胞及一些其他干扰因素。如果不能隔离这些病变，在空间上和时间上限制并解决它们，就会导致系统性疾病。与之相对应的是，如果不能对过度的遏制效应进行限制，也将会导致相关疾病。如过度的伤口愈合或异物反应，过激或持续的炎症和免疫反应，都不利于人类的健康。因此，改善伤口愈合、限制炎症、增强对病原体的免疫反应、改善免疫监测、防止衰老扩散等措施对健康有着广泛且积极的影响。

参考文献

[1] LÓPEZ-OTÍN C, KROEMER G. Hallmarks of Health[J]. Cell, 2021, 184(1): 33-63.

[2] PETERS A, NAWROT T S, BACCARELLI A A. Hallmarks of environmental insults[J]. Cell, 2021, 184(6): 1455-1468.

[3] COSTA-MATTIOLI M, WALTER P. The integrated stress response: from mechanism to disease[J]. Science, 2020, 368(6489): 5314.

[4] DEMARIA O, CORNEN S, DAËRON M, et al. Harnessing innate

immunity in cancer therapy[J]. Nature, 2019, 574(7776): 45-56.

[5] GALLUZZI L, BUQUÉ A, KEPP O, et al. Immunogenic cell death in cancer and infectious disease[J]. Nat Rev Immunol, 2017, 17(2): 97-111.

[6] PALANKAR R, GREINACHER A. Challenging the concept of immunothrombosis[J]. Blood, 2019, 133(6): 508-509.

[7] ZUO Y, YALAVARTHI S, SHI H, et al. Neutrophil extracellular traps in COVID-19[J]. JCI Insight, 2020, 5(11): 138999.

[8] BROOKS P J, GLOGAUER M, MCCULLOCH C A. An overview of the derivation and function of multinucleated giant cells and their role in pathologic processes[J]. Am J Pathol, 2019, 189(6): 1145-1158.

[9] FURMAN D, CAMPISI J, VERDIN E, et al. Chronic inflammation in the etiology of disease across the life span[J]. Nat Med, 2019, 25(12): 1822-1832.

[10] HANAHAN D. Hallmarks of cancer: new dimensions[J]. Cancer Discov, 2022, 12(1): 31-46.

[11] KALAORA S, NAGLER A, WARGO J A, et al. Mechanisms of immune activation and regulation: lessons from melanoma[J]. Nat Rev Cancer, 2022, 10:1038.

[12] CERVANTES-VILLAGRANA R D, ALBORES-GARCÍA D, CERVANTES-VILLAGRANA A R, et al. Tumor-induced neurogenesis and immune evasion as targets of innovative anti-cancer therapies[J]. Signal Transduct Target Ther, 2020, 5(1): 99.

[13] PIGNOLO R J, PASSOS J F, KHOSLA S, et al. Reducing senescent cell burden in aging and disease[J]. Trends Mol Med, 2020, 26(7): 630-638.

[14] IADANZA M G, JACKSON M P, HEWITT E W, et al. A new era for understanding amyloid structures and disease[J]. Nat Rev Mol Cell Biol, 2018, 19(12): 755-773.

[15] ZULLO JM, DRAKE D, ARON L, et al. Regulation of lifespan by neural excitation and REST[J]. Nature, 2019, 574(7778): 359-364.

（王放、杨明）

思考题

1. 中性粒细胞可通过哪些机制来清除外源"袭扰子"？

2. 请列举常见侵袭机体的"外源袭扰子"和"内源袭扰子",并概括其主要异同点。

3. 如何理解炎症反应是一把"双刃剑"?

4. 肿瘤细胞可通过哪些机制来逃避免疫系统的监视?

5. 衰老细胞的特征有哪些?请阐述细胞衰老的生物学功能。

6. 阐述固有免疫和适应性免疫的组成及特点。

第三章 回收与周转

如果把人体不同类型的细胞综合起来，人体内细胞的年龄为 7～10 岁，远低于成年人的年龄。不同类型细胞的周转速率差异很大，据估计，肠上皮约 5 天内进行完全的自我周转，而肺上皮的全部周转需要 6 个月。在大多数器官中，细胞周转是一个持续的过程，有时可能会间歇性或周期性发生，如乳腺随怀孕、哺乳和断奶而进行的增殖、分化和退化。细胞周转除了是机体自稳的需要，还具有一些特定的功能：皮肤表皮组织的细胞分裂和死亡形成了具有保护作用的角质层，发挥皮肤屏障作用；神经细胞的发生和死亡与大脑的学习和记忆密切相关；子宫和乳腺细胞的周期性周转是人类繁殖所必须的[1]。

细胞死亡、细胞分裂和细胞分化是控制成体组织细胞周转的 3 个关键过程。在生理条件下，成年人每年死亡细胞的量几乎与人体体重相近。死亡细胞通常通过凋亡等途径被清除，再由成体干细胞分裂并分化后进行更新，从而维持细胞数量相对恒定，完成细胞周转。细胞是如何死亡的？是"寿终正寝"还是"死于非命"？细胞死亡后，又是否及时被清除，以上这些均与机体的健康息息相关。一旦出现细胞死亡和清除障碍，机体患心血管病、肿瘤和神经退行性疾病的风险大大增加。大多数成体细胞分裂，来源于间充质干细胞（mesenchymal stem cells，MSCs），主要功能是在生理条件下细胞周转的过程中替代死亡细胞，也可以在缺血、炎症或创伤组织修复等病理条件下替代死亡细胞。也有一些组织细胞分裂不招募干细胞，例如健康人胰腺以及胰腺部分切除术后的自我更新；同样，成熟的肝细胞也能驱动肝的再生[2]。

细胞本身还具有自我净化能力，通过降解自身蛋白质和清除受损或多余细胞器的自噬机制回收细胞组分。自噬障碍是组织稳态破坏最常见的因素之一，无论过高还是过低都会导致细胞缺陷和机体功能衰退。

本章主要讨论细胞死亡的方式、凋亡细胞的清除、细胞组分的更新、细胞器特异性自噬与健康和疾病。

第一节 细胞死亡的方式

为了维持机体细胞数量相对恒定,死亡的细胞和新生细胞数量必须处于动态平衡,如果这种平衡被破坏,炎症或癌症等疾病就会发生。细胞死亡的主要方式包括非程序性死亡(non-apoptotic programmed cell death)和程序性死亡(programmed cell death,PCD)两大类。非程序性死亡即坏死(necrosis),是细胞被动的死亡过程,不能被细胞信号转导的抑制剂阻断;而程序性细胞死亡的共同点在于它们是细胞主动的死亡过程,能够被细胞信号转导的抑制剂阻断,按其发生机制不同又可分为凋亡(apoptosis)和程序性坏死,程序性坏死又进一步分为坏死性凋亡(necroptosis)、焦亡(pyroptosis)、铁死亡(ferroptosis)3种[3,6]。

细胞的程序性坏死在一定程度上是可以逆转的,但如果与细胞膜损伤修复相关的酶失去活性或膜蛋白被破坏,无法进行细胞膜修复,程序性坏死就无法逆转,例如修复细胞铁死亡的谷胱甘肽过氧化物酶失效,修复细胞焦亡和程序性坏死的膜孔形成蛋白GSDMD蛋白(gasdermin D,GSDMD)及混合谱系激酶域样蛋白(mixed lineage kinase domain-like protein,MLKL)功能失效都可导致细胞不可逆的程序性坏死。

一、坏死

坏死是一种非程序化、不受控制的、具有偶然性的细胞死亡形式,其典型特征是细胞和细胞器肿胀,中度染色质凝结,质膜破裂和广泛的细胞裂解,细胞内容物溢出到周围组织。与程序性细胞死亡不同的是,坏死的起因往往是来自外界的大量压倒性的有害刺激,引发热休克蛋白、尿酸、ATP、DNA和核蛋白等释放,导致炎症小体激活以及促炎细胞因子IL-1β等的分泌[19]。以肠道为例,在各种病理条件下,TNF-α等促炎性细胞因子的释放不仅会诱导小肠上皮细胞(intestinal epithelial cells,IECs)凋亡性死亡,同时还会导致细胞坏死。坏死常伴随着Caspase非依赖性炎症和活性氧(reactive oxygen species,ROS)水平升高。一旦肠道完整性被破坏,肠黏膜T淋巴细胞释放的TNF-α和IL-1会增高,将刺激小肠上皮细胞产生ROS,而ROS可作为第二信使来调节炎症及其介导的信号通路。具有吞噬作用的白细胞衍生的ROS还能使肠道处于慢性炎症状态,加重感染性胃肠道疾病的恶化。生理条件下,细胞中线粒体ROS的产生和清除处于动态平衡,ROS对细胞是有利的且不会引起细胞损伤，但如果小肠上皮细胞过度生成 ROS，对细胞就是有害的，并会引起肠道损伤[6]。

二、程序性细胞死亡

（一）凋亡

凋亡是一个主动的、由基因决定，自主结束生命活动的程序性细胞死亡过程，其形态特征表现为细胞变圆、核碎裂和质膜形成膜包裹的凋亡小体。细胞凋亡这一过程在多细胞生物中高度保守，且依赖于信号传导通路，并受细胞内在遗传机制的精确调控。介导细胞凋亡的信号通路主要可分为3大类，分别是内在途径、外在途径和内质网应激诱导途径。各途径间协同作用，共同调控机体发育，维持生物体内环境稳态。内在途径又称为凋亡的线粒体通路，在此通路中线粒体是细胞凋亡的调控中心，Bcl-2 家族通过控制线粒体通透性来调节细胞凋亡，在 Bcl-2 家族的促凋亡蛋白 Bad、Bid 和 Bax 等调节下线粒体通透性转变孔（mitochondrial permeablity transition pore，mPTP）开放。一旦 mPTP 打开，细胞色素 c、Smac/Diablo 和 HtrA2/Omi 等促凋亡蛋白就从线粒体泄漏到细胞质中，诱导细胞凋亡。外在途径又称凋亡的死亡受体途径，是由死亡配体 FASL、TNFα 和 TRAIL 等启动的，这些配体与靶细胞膜上的死亡受体结合，导致 Caspase-8 前体寡聚化，引发 Caspase 级联反应和凋亡。内质网在蛋白的合成、加工和维持细胞 Ca^{2+} 离子的稳定中起关键性作用。内质网腔内错误折叠或未折叠蛋白增多、Ca^{2+} 离子失衡则会引起内质网的应激反应（endoplasmic reticulum stress，ERS）。内质网应激反应可减少细胞中蛋白质的合成、增加蛋白正确折叠、维持 Ca^{2+} 稳态，但过度的应激反应会触动细胞内的凋亡信号，促使细胞凋亡，也就是内质网应激诱导的细胞凋亡。

在生理条件下，小肠上皮细胞通过凋亡通路自发死亡，肠上皮细胞凋亡率与增殖率处于平衡状态，保证了肠道结构的完整性和屏障作用。在稳态情况下的小肠绒毛长轴内很难观察到死亡细胞，发生衰老的上皮细胞沿着隐窝-绒毛轴向顶端迁移，在小肠绒毛顶部，其邻近细胞会形成一个由肌动蛋白-肌球蛋白组成的收缩环，将衰老的上皮细胞"挤出去"，失去了与细胞基质的连接而死亡并脱落到肠腔，小肠上皮样锚定依赖性细胞脱离细胞基质而进行的这种程序化死亡方式，被称为失巢凋亡（anoikis）。目前小肠上皮细胞失巢凋亡的机制并不十分清楚，但促凋亡基因 Caspase-3 在其中担当了重要角色，小肠上皮细胞被"挤出去"形态发生变化时，Caspase-3 处于激活状态，但 Caspase-3 缺陷并不影响小

失巢凋亡的发现史

鼠肠道上皮细胞的形态。小肠上皮层的另一个细胞自发死亡区域是隐窝，在小肠隐窝区上皮细胞死亡仅局限于隐窝区的干细胞，隐窝区的其他细胞很少出现这种情况。与小肠绒毛顶部的失巢凋亡不同，人们对隐窝区干细胞的凋亡了解比较少，敲除抑凋亡基因 *bcl-2* 可以增加大肠隐窝区干细胞凋亡，但对小肠隐窝区干细胞的数量没有影响[3, 6]。

（二）程序性细胞坏死

与细胞凋亡相比，坏死似乎是一种混乱的、无序的死亡。然而，广泛的遗传学和药理学研究已经明确表明，许多形式的坏死是机体在受到伤害性刺激时，主动发生的一种程序性的细胞死亡，但它表现为促炎，并会对周围组织造成损伤。

1. 坏死性凋亡

坏死性凋亡是细胞的另一种程序性坏死方式，是可调控的。通常发生在 Caspase-8 受到抑制时，它不具有凋亡表型，而具有坏死表型，因此其会引起细胞损伤。坏死性凋亡受多种蛋白调控，包括死亡配体、死亡受体和衔接蛋白等。坏死性凋亡常见于身体创伤、感染、神经退行性疾病和缺血相关的损伤中。虽然坏死性凋亡诱导炎症，但其主要是宿主防御引起的病理过程。如在感染的情况下，可能采取坏死性凋亡方式杀死病原体感染的细胞，以阻止病原体复制。

2. 细胞焦亡

细胞焦亡是一种炎症模式下的程序性坏死方式，是 Caspase 依赖性机制。细胞发生焦亡时会发生肿胀，在细胞破裂之前，细胞上形成凸出物，之后细胞膜形成孔隙，失去完整性，释放内容物，引起炎症反应。此时，细胞核位于细胞中央，随着形态学的改变，细胞核固缩，DNA 断裂。与细胞凋亡（apoptosis）相比，细胞焦亡发生得更快，并会伴随着大量促炎症因子的释放[5, 6]。

3. 铁死亡

"铁死亡"这一概念最早在 2012 年由 Dr. Brent R Stockwell 提出，是指铁依赖性的、Caspase 非依赖性、不同于坏死、坏死性凋亡和凋亡的细胞程序性死亡。细胞死亡过程中伴随着大量铁离子的累积，同时还会出现脂质过氧化。形态学主要表现为线粒体体积缩小、膜皱缩且膜密度增加，同时线粒体嵴（mitochondrial cristae，MC）减少或消失。凋亡特征（DNA 碎裂、质膜起泡）和坏死特征（肿胀、质膜膜破裂）在铁死亡中基本不存在。食物中的组分和病原微生物的代谢产物，如脂肪酸等都可能会触发铁死亡，这也是慢性胃肠道疾病的发病机制之一[4]。

第二节 凋亡细胞的清除

死亡细胞究竟是如何被机体清除的？多数类型的死亡细胞表面都会表达或分泌特异性"找到我"（find me）信号，吞噬细胞可以识别这些濒死或死亡细胞的"吃掉我"（eat me）信号，启动相应胞葬作用（efferocytosis）。凋亡细胞的胞葬作用是目前研究最为透彻的，因此本节着重介绍清除凋亡细胞的胞葬作用。

机体中有效识别凋亡细胞，在其进一步发生坏死，释放细胞内炎性成分之前将其清除的过程，称为凋亡细胞的"胞葬作用"，它是生理条件下维持稳态和疾病发生后内稳复元过程中的一个重要机制。一些难以治愈的慢性炎症性疾病就是由于胞葬作用减弱，死亡细胞累积，进一步坏死，引发自身免疫疾病、组织坏死和病理性炎症造成的。如果未能及时"埋葬"这些凋亡细胞，凋亡细胞会发生继发性坏死，这一过程会导致危险的自身抗原在组织中释放，从而诱发自身免疫性疾病，如系统性红斑狼疮和类风湿性关节炎[11]。

为确保吞噬细胞精确地吞噬凋亡细胞，而不会不小心吞掉非凋亡细胞，凋亡细胞释放一系列可溶性和不可溶性分子信号分子，包括："找到我"和"吃掉我"信号，一旦吞噬细胞检测到这类信号，就会将其吞噬；反过来非凋亡细胞会释放"别吃我"（don't eat me）信号，从而抑制吞噬细胞的吞噬作用。一般来说，胞葬作用分为3个步骤（图3-1）：

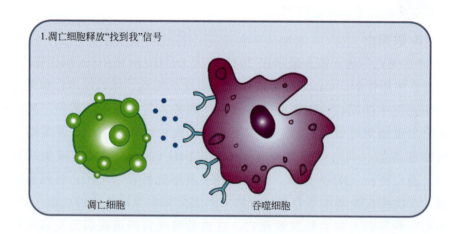

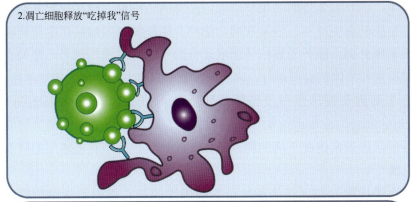

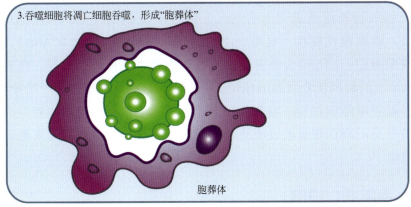

图 3-1　胞葬作用过程

1. 凋亡细胞释放"找到我"信号，招募吞噬细胞或未成熟的树突细胞，启动胞吞作用；
2. 凋亡细胞释放"吃掉我"信号，吞噬细胞和凋亡细胞之间发生受体–配体相互作用；
3. 吞噬细胞肌动蛋白介导的细胞骨架重排，形成胞葬体

一、凋亡细胞释放"找到我"信号招募吞噬细胞

吞噬细胞通常被凋亡细胞所分泌的"找到我"信号所趋化，凋亡细胞释放的"找到我"信号有两类：可溶性分子和复杂的胞外囊泡。其中核苷酸（如三磷酸腺苷和尿苷三磷酸）是最著名的"找到我"信号分子。氧化应激分子也是细胞面临死亡危险信号时释放的"找到我"信号分子，以招募单核和巨噬细胞。此外，鞘氨醇-1-磷酸、S19 核糖体蛋白二聚体（dRP S19）、溶血性磷脂酰胆碱等也是"找到我"信号分子[7]。

二、凋亡细胞释放"吃掉我"信号

凋亡细胞的"吃掉我"信号分子与吞噬细胞表面的受体分子结合，诱发吞噬细胞的胞内信号级联反应，细胞骨架重排，诱发吞噬。细胞膜组分磷脂酰丝氨酸是最被人熟知的"吃掉我"信号。磷脂酰丝氨酸虽然

含量少，但具有重要的生物学功能。在非凋亡细胞，磷脂酰丝氨酸分布在细胞膜的原生质侧，但是在凋亡细胞，磷脂酰丝氨酸从原生质侧翻转到细胞膜外侧，膜外暴露的磷脂酰丝氨酸是"吃掉我"信号，是凋亡细胞被识别和清除的必需组分，磷脂酰丝氨酸直接与吞噬细胞膜受体结合，其中T细胞免疫球蛋白及黏蛋白域蛋白4（T cell immunoglobulin and mucin domain containing 4，Tim-4）是结合磷脂酰丝氨酸的最关键膜受体分子。而正常情况下活细胞或活化细胞外膜也分布有低浓度的磷脂酰丝氨酸[7]。

吞噬细胞如何区别磷脂酰丝氨酸阳性的凋亡细胞和活细胞呢？事实上活细胞表面还表达"别吃我"信号，如CD31、CD47和CD61。此外，磷脂酰丝氨酸不是唯一"吃掉我"信号，其他如ICAM-3、糖化表面蛋白、C1q结合血清蛋白均被认为是"吃掉我"信号。内质网（ER）上的钙网蛋白（calreticulin）转运到胞质外膜也作为"吃掉我"信号被吞噬细胞识别。胞葬作用受"吃掉我"信号和"别吃我"信号调节平衡，凋亡细胞通过表达表面识别分子促进自身被吞噬细胞识别和清除[8]。

三、吞噬凋亡细胞

一旦吞噬细胞识别了凋亡细胞，吞噬细胞必须进行细胞膜组分的快速合成和重排，从而允许质膜局部内陷和突出，才能有效地吞噬内化凋亡细胞，形成胞葬体。此过程受质膜下的皮层肌动蛋白纤维的聚合和解聚形成的动态网状结构调节。

上述胞葬作用中每一步都受到严格监管，以确保凋亡细胞及时有效地被清除。由于凋亡细胞膜具有完整性，一旦胞葬作用不能及时清除凋亡细胞，凋亡细胞就会发生二次坏死。此时膜破裂，释放细胞内有害的酶、氧化物以及蛋白酶抗体和DNA等，诱发炎症反应。胞葬作用也是机体抵御病原体的重要防线。病原体入侵后可能造成宿主细胞死亡，而病原体往往在这些死亡的细胞中存活。如果被感染的死亡细胞没有被吞噬细胞迅速吞噬，活的病原体就会被释放出来。

第三节 细胞组分的更新

古希腊哲学家赫拉克利特曾说："万物皆流，无物常住。"这种流动不仅发生在可见事物中，而且还存在于每个"肉眼不可见"的细胞中。事实上，细胞每时每刻都会不断进行组分更新，并在其使用受损后或多余时又将被清除并回收利用。这一细胞不断清理胞内垃圾并回收其成分，对细胞健康至关重要的过程被称为自噬。2016 年诺贝尔生理学或医学奖颁给了日本科学家大隅良典（Yoshinori Ohsumi），就是因为他在自噬机制研究中所做的巨大贡献。

2016 年诺贝尔生理学或医学奖：自噬机制的研究

一、自噬的概述及过程

自噬是发生在细胞质中细胞内物质进入溶酶体进行分解代谢，以实现细胞自身净化的过程。细胞内代谢废物以及一些过期无用或受损伤的细胞零件，首先装载于其独特的运输工具——自噬体小体中，然后沿着特定路线输送到"垃圾加工厂"——溶酶体中进行回收和再利用。另外，在细胞能量匮乏时，也可通过自噬机制开启紧急运输通道，以供应细胞所需能量。因此，自噬机制是细胞内庞大运输网络体系中非常重要的一部分，维持了细胞器和胞内大分子的循环利用。细胞器是细胞质中具有特定形态结构和功能的亚细胞结构，细胞器的周转对细胞的生存和功能发挥至关重要。细胞必须根据功能和能量需求来调节细胞器的数量或降解细胞器的部分组分，因此细胞器的完整性和数目必须受到严格调控，过量或有缺陷的细胞器，通过进化上保守的自噬过程被清除。自噬不但清除细胞中过量或受损的细胞器，还能清除聚集蛋白或病原体，并同时为细胞提供组成材料和能量。基础水平的自噬对维持细胞稳态、清除细胞中受损的细胞器或碎片很重要。应激状态下的自噬，如饥饿、缺氧或化疗药物，触发细胞存活过程，在能量耗尽时为细胞提供能量。自噬缺陷与各种人类疾病有关，包括癌症、神经变性和炎症性疾病等[9]。

自噬过程首先是被降解的物质（胞质溶胶和细胞器等）被双层膜结构的自噬泡（phagophore）包裹形成为自噬体（autophagosome），然后与溶酶体（lysosome）融合，形成自噬溶酶体（autophagolysosome），在溶酶体内各种水解酶的作用下进行降解（图 3-2）。长期以来，自噬一直被认为是在缺乏营养的不利条件下，细胞通过非选择性降解细胞组分满足能量需求，是一种非选择性的分解过程。然而，最近的研究揭示了自噬的选择性，自噬对特定"货物"（如细胞器和蛋白质）是具有选择性的。选择性自噬可以通过泛素依赖性或非依赖性机制降解破损或多余的细胞器。自噬的选择性受自噬受体（autophagy receptor）调控。泛素依赖性机制降解细胞器时，细胞器膜蛋白被泛素化标记，自噬受体一方面通过泛素连接细胞器，另一方面又与自噬体中的 LC3-Ⅱ 蛋白的 LC3 相互作用区域（LIR）相互作用。非泛素依赖的选

泛素化

择性自噬降解细胞器时，定位于受损细胞器的自噬受体直接与自噬体中的 LIR 相互作用，目前细胞器上许多这样的自噬受体已被鉴定，在特定条件下直接将其"货物"与自噬体联系起来，如介导线粒体自噬的 NIX、BNIP3、FUNDC1 和 Atg32 等。尽管自噬最常被认为是一种细胞存活过程，但自噬也可以在特定情况下促进细胞死亡。

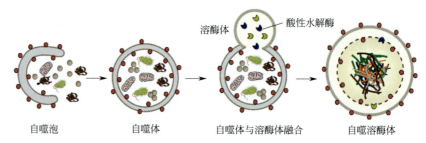

图 3-2　自噬过程

自噬始于自噬泡的形成。自噬泡（也称为隔离膜）通过从细胞内细胞器和载体中获取膜而扩展，隔离胞内物质（如蛋白质、蛋白质聚集体、细胞器、细胞内病原体），最后密封形成成熟的自噬体。自噬体与溶酶体融合，产生自噬溶酶体，降解并回收内容物

二、细胞器特异性自噬

选择性清除受损的细胞器，移除细胞器中受毒性物质损害的局部区域，又称细胞器特异性自噬，重要的细胞器特异性自噬包括线粒体自噬（mitophagy）、ER 自噬（reticulophagy）、核糖体自噬（ribophagy）、溶酶体自噬（lysophagy）、核自噬（nucleophagy）和过氧化物酶体自噬（pexophagy）等，这些细胞器特异性自噬反映了细胞对细胞器的质量和数量的控制，从而维持细胞自稳。除自噬，细胞还可以通过泛素-蛋白酶体清除细胞中错误折叠、受损的蛋白质，细胞内的泛素-蛋白酶体系和自噬为胞内的再循环提供必需原料，维持了胞内大分子和细胞器的循环利用，是细胞内的再循环系统（recycling system）。

（一）线粒体自噬

线粒体自噬（mitophagy）源自希腊语，意思是线粒体消化（phagy 来自 phagos），是一种靶向和吞噬受损或功能失调的线粒体，并通过溶酶体降解受损线粒体的过程，是线粒体质量控制中最关键的组成部分。通过线粒体自噬可清除功能失调的线粒体，启动线粒体的生物发生，促进线粒体周转。当线粒体损伤超出线粒体质量控制的范畴，或需要降解线粒体以满足细胞发育的需求时，线粒体膜会发出"吃掉我"的自噬信号，使该途径被激活。当线粒体自噬受阻时，功能失调的线粒体开始在细胞中积累，导致细胞的健康出现问题，对整个生物体会产生不良影响，这

也是衰老过程中出现的一种现象。

　　细胞内线粒体具有多种功能，不仅局限在为细胞提供ATP，还包括脂质和亚铁血红素的生物合成、钙的贮存、天然免疫监视等功能。当线粒体损伤时，ATP产生能力下降，ROS的生成会增加，ROS的氧化损伤会激活NLRP3炎症小体，线粒体启动自噬清除功能失调的线粒体，从而维持细胞内线粒体网络整体处于最佳状态。细胞内受损线粒体的累积还会诱导细胞产生促凋亡分子和增加DNA突变，从而诱导细胞死亡。线粒体损伤时会改变其膜表面特定蛋白质的分布，这些蛋白质也称为线粒体的自噬受体，起到"标签"的作用，使细胞能够识别并去除"坏的"线粒体。最受关注的线粒体自噬受体称为PINK1。为了促进受损线粒体自噬，线粒体受损时PINK1重分布并在外膜累积，进而招募另一种称为Parkin的蛋白质。当PINK1-Parkin复合物形成时，细胞会启动线粒体自噬过程。为了完成这一过程，"坏的"线粒体被吞噬泡包裹形成自噬体，与溶酶体融合形成自噬溶酶体，继而线粒体被溶酶体吞噬形成自噬溶酶体，并被溶酶体酶和低pH"吃掉"或"消化"。线粒体自噬结束时，"坏的"线粒体不再对细胞有害，组成"坏的"线粒体的大分子组分被回收利用。PINK1/Parkin只是线粒体自噬调节分子的一个例子。根据线粒体自噬诱导剂和组织的类型，细胞已经发展出更多这样的机制[12, 13]。

　　线粒体本身具有精细的质量控制，多种调控机制参与其中，上述线粒体自噬是其中一个重要调节机制，即受损线粒体及其组分的清除过程，可以是PINK1/Parkin和MUL1介导的泛素依赖性机制，也可以是自噬受体（如NIX/BNIP3L、FYNDC1和FKBP3等）介导的泛素非依赖性机制或心磷脂（cardiolipin）介导的线粒体自噬通路[12]，另一个重要机制是线粒体的生物发生。细胞内线粒体如果只进行自噬，那么细胞内的线粒体会很快耗尽。事实上，当细胞触发线粒体自噬的同时，它们也会发出构建新的线粒体的指令，即将新的蛋白质和脂质添加到原有的线粒体网络中。产生"新"的线粒体的过程，称为线粒体的生物发生。线粒体自噬和线粒体生物发生协调互作是维持线粒体平衡的关键，由细胞核和线粒体基因组的交叉对话调控这两个过程构成了线粒体的周转。线粒体中蛋白质更新率并不相同，线粒体蛋白质的半衰期随线粒体的半衰期而变动，从几小时到几天，平均时间要比胞质蛋白短。此外，线粒体蛋白的半衰期有器官特异性，肝细胞线粒体蛋白的更新率明显高于心肌细胞，也体现了器官的能量需求。

　　与线粒体自噬相似，线粒体生物发生也是高度可变的，受各种刺激的调节，如能量需求、细胞周期和细胞内应激等。许多细胞信号通路多对线粒体自噬和线粒体生物发生具有调节作用，如哺乳动物雷帕霉素靶蛋白（mTOR），是营养应激时调节细胞生长和能量稳态的蛋白，其在转录和翻译水平调节线粒体生物发生，从而调节线粒体功能。

（二）ER 自噬

内质网（endoplasmic reticulum，ER）是一个动态的细胞器，其形态呈现小管状、扁囊和网状，从核膜延伸到细胞质，具有多种功能，包括蛋白质折叠、加工和运输、脂质和类固醇的合成、钙储存和解毒。与其他细胞器相似，ER 也不断周转以维持其功能和结构的完整性。ER 膜蛋白和 ER 膜脂的半衰期为 3～5 天。此外，除了组成型周转外，ER 在一定的压力条件下，如药物干预、化学药品的应激和病原体微生物侵袭等，还必须进行更为活跃的周转，使其体积能适应蛋白质和脂质生物合成变化的需求。

当细胞内外环境改变时，ER 中未折叠蛋白或错误折叠蛋白增多，损伤 ER，引发 ER 应激，使 ER 功能发生改变，破坏细胞内稳态，继而激活细胞中的 ER 质量控制途径。调节 ER 质量控制的最重要的两个途径是：泛素–蛋白酶体系统和 ER 自噬（ER-phagy）。分泌型蛋白和质膜蛋白在共翻译或翻译后插入 ER 腔进行折叠装配形成天然构象，在这个过程中，如果蛋白质编码序列发生突变，新合成多肽的未折叠或错误折叠会增加，为了防止其在 ER 累积，这些错误折叠的肽将会被逆向转运回到胞质，被泛素–蛋白酶体系降解，这称为 ER 相关性降解（ER-associated degradation，ERAD）。ER 相关性降解的底物仅限于少数非聚集的蛋白质。ER 中易聚集的膜脂和蛋白质，受损的 ER 或 ER 片段被溶酶体选择性降解的过程，称为 ER 自噬。ER 自噬根据方式不同又可以分为不同类型。巨-ER 自噬（macro-ER-phagy）：是指包裹 ER 片段和其他细胞组分的自噬体与溶酶体结合，降解 ER 及周围胞质组分；微-ER 自噬（micro-ER-phagy）：是溶酶体膜内陷，将 ER 片段包裹进溶酶体腔。此外，ER 还可以以囊泡形式与溶酶体融合，进行 ER 组分降解。事实上，ER 蛋白质通过上述哪种途径降解，在一定程度上取决于底物蛋白的特性。但总的来说，ERAD 和 ER 自噬通路在 ER 周转过程中可以发挥协同效应[13, 14]。

（三）溶酶体自噬

溶酶体是一种酸性的、囊状结构，主要功能是降解细胞内衰老和受损伤的细胞器。溶酶体含有膜蛋白（如 LAMP1）和 60 多种常驻的可溶性水解酶，借助于这些酸性水解酶，完成对细胞器和大分子的质量控制和回收，从而维持细胞稳态。如果溶酶体不稳定或溶酶体的酸性水解酶泄露到细胞质中将损伤细胞，破损的溶酶体还会释放 Ca^{2+} 和质子，这些对细胞都是有害的。因为细胞内溶酶体的总数基本不变，所以失去消化能力的受损溶酶体没有及时被清除，就会导致溶酶体整体功能不足，细胞自稳将被打破。为了维持细胞稳态，细胞选择性隔离和降解清除受损的溶酶体，这一过程称为溶酶体自噬（lysophagy）。通过溶酶体自噬不仅可清除发生泄露的溶酶体和不稳定的溶酶体，还可清除炎症应答引起的溶酶体破裂产生的膜残留物。溶酶体自噬对维持溶酶体的功能和细胞自稳都是至关重要的。

溶酶体质量控制的第一步是区分受损和完整的溶酶体。植物凝集素（galectins）是溶酶体损伤的感应器，属于半乳糖结合凝集素，正常分布在胞质和胞核，而包含半乳糖的糖链则分布在细胞表面和内体、溶酶体和高尔基体膜的腔侧，所以生理条件下植物凝集素不能与半乳糖结合。只有膜性结构破裂时，如溶酶体膜破裂，Galectin-3 才会与含有 β- 半乳糖的糖蛋白结合，被招募到溶酶体破碎的膜上，Galectin-3 将启动下游信号通路，招募泛素化酶，将受损溶酶体打上泛素化标签，启动自噬通路形成自噬体，最后与功能正常的溶酶体结合，完成损伤溶酶体的清除。Galectins 家族中的 Galectin-1、Galectin-3、Galectin-8 和 Galectin-9 都是内膜损伤的标志物，也是溶酶体膜破碎的标志物，但识别破碎溶酶体后启动的下游自噬通路不同[13]。

（四）核糖体自噬

核糖体是细胞生命的核心，它们将遗传密码翻译成蛋白质。细胞内的核糖体丰度与蛋白质生产量相匹配，以此满足细胞行使功能或细胞分裂时对蛋白质的需求。因此其在翻译蛋白质的输出、核糖体的蛋白质表达、核糖体组装和核糖体周转水平上都受到高度精确的调控。核糖体是营养压力下调节细胞内蛋白质组的枢纽。

核糖体的质量控制包括泛素-蛋白酶体系统和自噬溶酶体系统。核糖体的自噬溶酶体系统包括非选择性自噬和选择性自噬降解。在正常状态下，核糖体非选择性自噬降解可用来维持适当数量的核糖体；在饥饿状态下，细胞会通过核糖体自噬（ribophagy）降解多余的核糖体，减慢蛋白翻译的速度，为细胞提供大量生存所必需的氨基酸等代谢产物和能量，维持细胞稳态。核糖体自噬是一种专门针对核糖体周转的选择性自噬过程。在饥饿时，成熟的核糖体以自噬受体依赖的方式输送到溶酶体，随后被溶酶体酶快速降解。此外，泛素-蛋白酶体系统调控核糖体蛋白的周转，核糖体蛋白比其他细胞蛋白降解得更快。核糖体通过泛素-蛋白酶体系统和核糖体自噬通路进行更新，也就是说核糖体组装和单个核糖体蛋白的丰度由泛素-蛋白酶体系统和核糖体自噬共同调控。

第四节　回收和周转障碍与疾病

一、细胞凋亡与衰老

多细胞生物有序的自我周转保证了机体的正常运行。维持组织稳态的程序性细胞死亡途径作为组织周转的必要环节，其调控异常被证明与衰老及衰老相关疾病有关。

在衰老过程中，细胞常出现程序性细胞死亡调控异常，如衰老的脂肪间充质干细胞表现为凋亡相关基因低表达。与成年人相比，辐射对老年人外周血中淋巴细胞凋亡的诱导作用降低，而且血清中凋亡分子标志物也随着细胞衰老而降低。老年人血管平滑肌细胞增殖过度但细胞凋亡减少，导致其血管损伤形成瘢痕的反应也比成年人更加严重。还有一些类型细胞出现 PCD 增加。衰老过程中免疫系统衰老、骨骼肌萎缩（肌肉减少症）、心脏细胞损失和神经退行性疾病都与 PCD 的增加有关。衰老导致淋巴细胞凋亡数量增加，这使得在衰老进程中胸腺和骨髓细胞数减少，免疫系统衰退。哺乳动物心脏衰老的典型特征是心肌细胞丢失和现存心肌细胞肥大，细胞凋亡和坏死都参与正常心脏衰老和心力衰竭时心肌细胞的丢失。另外，癌细胞和衰老细胞对 PCD 具有抗性，所以衰老过程中癌症发生率上升和衰老细胞数量增加。

细胞凋亡的异常调控影响衰老过程中伤口的愈合能力。肝纤维化的发病率、患病率与患者的年龄成正比。肺泡上皮细胞对细胞凋亡的敏感率与患者年龄成正比，成纤维细胞和肌成纤维细胞对细胞凋亡的敏感性与患者年龄成反比，从而导致老年人患肝纤维化的概率增高。衰老导致与其相关维持组织稳态的细胞周转率降低，从而使 PCD 标志分子减少。总之，衰老干扰机体系统、细胞间及细胞内信号转导网络，造成不同细胞类型对 PCD 的易感性失衡。

改善细胞周转的途径有两种。第一种途径是将已分化的体细胞重编程诱导为多潜能状态。2006 年日本京都大学山中伸弥（Shinya Yamanaka）率先在《细胞》杂志报道了有关诱导多能干细胞的研究。将 Oct3/4、Sox2、c-Myc 和 Klf4 这 4 种转录因子基因克隆入病毒载体，然后注入小鼠成纤维细胞，发现可诱导其发生转化，产生多潜能干细胞，导致小鼠衰老相关迹象减轻，对毒素诱导的 1 型糖尿病或肌肉损伤的抵抗力增加。第二种途径是优先诱导衰老细胞程序性死亡。代偿性增殖产生的非衰老功能细胞可以代替衰老细胞，以避免衰老细胞在老化组织中的积累从而损害组织功能。这种"衰老细胞清除治疗"可以通过在诱导型启动子（如 p16、Ink4）的控制下表达"自杀基因"来实现。另外，抵抗衰老细胞内在凋亡抗性的药物，如维奈托克（navitoclax）——一种 BCL-2 拮抗剂，可改善糖代谢和 β 细胞功能并延缓小鼠衰老。其他肾溶性药物（如达沙替尼加槲皮素）对动脉硬化、心脏损伤、神经退行性变、2 型糖尿病小鼠模型以及人类特发性肺纤维化具有广泛的改善作用。

二、胞葬作用缺陷与代谢性疾病

人类代谢性疾病都与慢性炎症有着密切关系，在炎症反应和组织损伤中，胞葬作用对于炎症消退和组织内稳态恢复至关重要。大量人类疾病，包括动脉粥样硬化、癌症、心肌梗塞与心力衰竭、糖尿病、肥胖、类风湿关节炎等，都被发现与胞葬机制的缺陷有关。

1. 动脉粥样硬化与胞葬作用

动脉粥样硬化斑块的形成是由于低密度脂蛋白（low density lipoprotein，LDL）在动脉的内皮下层积聚，产生炎症刺激，促使白细胞流入血管壁。病变形成早期，许多白细胞通过凋亡被有效清除，但在晚期斑块中，胞葬作用开始失效，导致斑块中坏死核心区域继发性坏死细胞的积聚。动脉粥样硬化中，已有多种分子途径可以解释胞葬作用缺陷，例如 C-mer 酪氨酸激酶（C-mer proto-oncogene, tyrosine kinase，MerTK）和低密度脂蛋白受体相关蛋白 1（LDL receptor related protein 1，LRP1）等凋亡细胞摄取专职受体的降解。MERTK 突变的动脉粥样硬化小鼠病变区域增加，坏死核心更大。此外，病变的凋亡细胞过表达 CD47，发出"别吃我"信号，致使其无法被吞噬细胞识别。

2. 心肌梗塞与胞葬作用

心肌球源干细胞是治疗心梗后收缩功能障碍的候选药物之一。其分泌的细胞外囊泡可以促进巨噬细胞表达 MERTK，从而增强大鼠和小鼠模型心肌梗塞后的凋亡细胞被吞噬和清除[20]。巨噬细胞缺乏 MERTK 表达的小鼠心梗后心肌损伤更为严重，表现为凋亡细胞的堆积、梗死面积增大和心功能受损。在炎症反应发生的情况下，MerTK 胞外段会被去整合金属蛋白酶 17（disintegrin and metalloprotease 17，ADAM17）切割，切割后 MerTK 本身的活性被消除。表达抗切割 MERTK 突变体的小鼠心梗后心脏中凋亡细胞水平降低，对心肌损伤的抵抗力增强。与动脉粥样硬化一样,在心肌损伤过程中产生的凋亡细胞也表达CD47"别吃我"信号。给予抗CD47抗体治疗,可促进心肌炎症的消退,减少心肌梗塞面积,改善心功能。综上所述,可见心肌梗塞后心肌的修复离不开胞葬作用。

三、细胞器特异性自噬与健康·疾病

细胞器的结构完整性和功能稳定性反映细胞活性和应激能力。细胞器的功能障碍与各种疾病的发生和发展密切相关,如感染、心血管疾病、慢性阻塞性肺炎和神经退行性疾病等。细胞器特异性自噬通过清除受损的细胞器来维持细胞自稳。事实上,在不同的刺激下,这些细胞器会同时出现明显的结构紊乱和功能异常,加速细胞的损伤。因此,多种细胞器的质量控制对维持细胞的生存和功能具有重要意义,有望成为治疗人类疾病的一个潜在靶点。

(一)线粒体自噬与体育锻炼

在饥饿和体育锻炼等应激条件下,细胞会开启自噬来回收寿命较长或受损的细胞器和蛋白质,用以重新合成新的细胞器和ATP。骨骼肌是研究线粒体生命周期最合适的模型组织,因为骨骼肌线粒体的可塑性可以随着年龄、运动和疾病等条件进行适应性调整,线粒体的数目、结构和容量都会发生变化。阐明骨骼肌等组织中线粒体周转机制可以推进对改善健康和延长寿命的研究。随着年龄增加,老年人骨骼肌肌膜下线粒体层明显变薄,肌原纤维间线粒体整体数量减少,同时受损线粒体数目明显增多;而同样年龄下,体育锻炼可明显增加青年和老年人肌膜下线粒体层数和肌原纤维间健康线粒体的总数。

衰老的一个标志性特征是肌肉量的逐渐丧失。线粒体参与多种生物过程,例如ATP提供、氧化应激、蛋白质稳态和细胞凋亡,以及炎症和Ca^{2+}超载,健康线粒体数量减少是肌肉量进展性减少的罪魁祸首之一。线粒体的结构和功能的变化受线粒体数量和质量控制体系调控,通过线粒体生物发生、融合、分裂和自噬过程维持线粒体的生命周期。长期进行体育锻炼不但可以通过线粒体自噬消除衰老的、膜电位降低且ROS生成增多的长寿线粒体,还可以激活骨骼肌线粒体发生通路,从而改善线粒体网路的质量。体育锻炼能诱导强大的线粒体适应,是目前改善线粒体健康较为有效的治疗方法,不仅体现于骨骼肌组织,而且也体现在其他组织(如心肌组织等)中。

通过线粒体自噬清除心脏中功能失调的线粒体(长寿命或受损)对维持心脏稳态至关重要。体育锻炼与线粒体自噬的研究主

要集中在心肌和骨骼肌，研究表明运动不仅能诱导短暂的保护性线粒体自噬，而且还有助于线粒体自噬长期维持在最佳水平。研究表明，大鼠急性运动期间，心肌自噬相关基因（*Beclin*、*LC3*和*BINP3*）上调，48 h后缓慢回到基线水平。同样，大鼠跑步90 min后，骨骼肌中线粒体自噬相关基因（如*PINK1*、*parkin*、*p62*和*LC3*的编码基因）也明显升高，上调可以长达24h。长期运动引发的线粒体自噬会促进健康线粒体累积，从而改善线粒体功能。因此，长期运动训练者线粒体自噬通常维持在最佳水平，但这个水平可能较低，因为持续耐力训练改善了线粒体整体质量，出现线粒体网络中功能失调或受损线粒体减少，长期锻炼者由运动引起的线粒体自噬也会相应减弱[16]。

（二）线粒体自噬与神经退行性疾病

神经元对ATP的需求量非常高，细胞内ATP的主要生产者是线粒体，所以神经系统对线粒体损伤极其敏感。如果不能及时通过线粒体自噬清除受损的线粒体，就会导致神经元细胞受损而死亡。衰老和衰老相关的神经退行性疾病的发病机制中都涉及线粒体自噬障碍。线粒体自噬的研究表明，线粒体自噬障碍会损伤线粒体功能，从而引发AD、PD、肌萎缩侧索硬化和亨廷顿病等神经退行性疾病。

1. 线粒体自噬与AD

AD患者下丘脑神经元细胞的一个明显特征就是线粒体容量减少，这可能源于线粒体周转障碍。AD患者脑组织尸检和动物实验结果显示，患者和AD动物模型神经元中促进线粒体生物发生的关键蛋白（PGC-1）表达量急剧下调，线粒体DNA/核DNA（mtDNA/nDNA）的比例也显著降低，这表明"旧"线粒体网络向"新"线粒体网络更新的速度降低。AD患者神经元细胞除了线粒体生物发生障碍外，还存在线粒体自噬障碍，但散发性和家族性AD患者的线粒体自噬障碍机制不同，散发AD患者中受损线粒体没有被充分标记，导致线粒体自噬减弱，而家族性AD患者损伤线粒体被充分标记，但细胞线粒体自噬能力不足以清除被标记的线粒体。

2. 线粒体自噬与PD

PINK1-Parkin依赖的线粒体自噬对PD患者相关多巴胺能神经元的功能和存活是必需的，许多诱发PD的基因都具有线粒体表型。此外，PD患者黑质mtDNA的缺失率明显上升，进一步表明线粒体的质量控制障碍与PD相关。目前认为，线粒体自噬涉及的两种酶（泛素连接酶parkin和蛋白激酶PINK1）的"功能丧失突变"与家族性PD有关。此外，抑制USP30（一种局限于线粒体的去泛素酶，去除受损线粒体parkin的泛素标签）可以促进线粒体清除和质量控制，对 PD 有潜在好处[17]。

3. 线粒体自噬与肌萎缩侧索硬化

体内疾病模型以及患者的研究证据强烈支持线粒体功能障碍是肌萎缩侧索硬化（amyotrophic lateral sclerosis，ALS）的核心机制。ALS 相关线粒体功能障碍有多种形式，包括氧化磷酸化缺陷、活性氧（ROS）的产生、钙缓冲能力受损和线粒体动力学异常。此外，除了可能的 RNA 毒性外，线粒体功能障碍似乎与所有假定的与 ALS 相关的"非线粒体"毒性机制直接或间接相关，包括兴奋性毒性、蛋白质稳态丧失和轴突运输缺陷[17]。

4. 线粒体自噬与神经退行性疾病

神经元线粒体损伤是神经退行性疾病的标志之一，促进受损线粒体清除的线粒体自噬诱导剂有可能成为神经退行性疾病的治疗策略。亨廷顿病（Huntington disease，HD）是一种由亨廷顿蛋白中多聚谷氨酰胺扩增突变引起的遗传性神经退行性疾病，虽然突变广泛存在于各种类型细胞，但纹状体内的多刺神经元最容易受累。亨廷顿蛋白异常影响线纹状体神经元线粒体的生物发生，线粒体蛋白的输入、线粒体分裂和融合及线粒体自噬体的转运，从而导致线粒体质量控制异常[15, 17]。

自噬诱导剂有利于增强线粒体自噬、增加线粒体对氧化应激的抵抗力，保护神经元，促进健康并延长寿命，如线粒体烟酰胺腺嘌呤二核苷酸（nicotinamide adenine dinucleotide，NAD^+）前体、尿石素 A（UA）、抗生素肌动蛋白（AC）和亚精胺等都是自噬诱导剂。补充 NAD^+ 前体可以改善秀丽隐杆线虫及小鼠健康和疾病状态下的寿命。UA 是一种源自石榴的代谢物，也可以延长秀丽隐杆线虫的寿命，并通过上调线粒体自噬的活性来维持线粒体健康，从而改善小鼠的肌肉功能；另外，UA 还可以减少炎症和淀粉样蛋白 β 聚集，从而改善 AD 模型小鼠的认知功能。目前，UA 正处于临床试验中，一项干预性双盲、随机和安慰剂对照研究证实，Mitopure（一种专有的高纯度 UA）对人体是安全的，与在蠕虫和啮齿动物中发现的相似，其能改善人体细胞和线粒体的健康。随着对线粒体生物学的深入理解，人们逐渐认识到线粒体自噬是维持细胞功能的关键机制。探讨如何在线粒体自噬水平下降的情况下，进一步激活线粒体自噬可能是一个很好的研究方向，线粒体自噬作为保持细胞健康的一种方式——这是更健康生活的先决条件。此外，发现新的线粒体自噬诱导化合物将推动进一步的潜在临床研究。

（三）ER 自噬与疾病

ER 自噬是参与调控 ER 功能的主要方式之一，可以有效清除细胞中受损的 ER 和 ER 中错误折叠蛋白质，从而预防疾病的发生。病理情况下，ER 自噬水平也会发生改变，过度激活 ER 自噬或抑制 ER 自噬，都会诱导疾病的发生。

1. ER 自噬与胰岛素抵抗

胰岛素抵抗是肥胖相关的代谢综合征和 2 型糖尿病的一个标志，而 ER 可能在胰岛素抵抗的发生、发展中起重要作用。在病理情况下，营养和能量状态改变，如肥胖会使 ER 超负荷工作，导致错误或未折叠蛋白的堆积，引发 ER 应激。不同程度的 ER 应激可引发不同程度的细胞反应，如应激的起始阶段会引起 ER 自噬来清除细胞中受损的 ER 和聚集的蛋白质，维持细胞器功能。干预 ER 自噬的发生可以有效清除细胞内损伤的 ER 和聚集的蛋白质，减少 ER 应激的发生，进而维护细胞葡萄糖摄取功能。因此，干预 ER 自噬可能成为治疗胰岛素抵抗相关疾病，如代谢综合征和 2 型糖尿病的新方法[14, 18]。

2. ER 自噬与 PD

PD 与 ER 自噬有密切联系。ER 自噬可能作为一种神经细胞保护机制，清除神经细胞内受损的 ER，以维持神经细胞的稳态，防止 PD 的发生。而随着 PD 的进展，神经细胞内稳态严重失衡，可能过度激活 ER 自噬，使神经细胞进一步受损。激活或抑制 ER 自噬可能为预防或治疗 PD 提供了一个新的方向[14, 18]。

细胞内环境的稳定有赖于通过 ER 自噬清除其内部受损、冗余及失效的胞质组分。ER 功能混乱或丧失将引起细胞应激反应，进而激活 ER 自噬。上文中提到的胰岛素抵抗及神经退行性疾病（如 PD 等），ER 的功能失调或缺陷将会引起机体病变。ER 自噬与 ER 应激过程中存在多种转录因子和激酶，但这些因子的作用机制还未被研究清楚。对于 ER 自噬的深入探索将促进细胞应激的研究，并为临床疾病的治疗提供新手段。

参考文献

[1] SENDER R, MILO R. The distribution of cellular turnover in the human body[J]. Nat Med, 2021, 27 (1): 45-48.

[2] WODARZ D. Effect of stem cell turnover rates on protection against cancer and aging[J]. J Theor Biol, 2007, 245 (3): 449-458.

[3] D'ARCY M S. Cell death：a review of the major forms of apoptosis, necrosis and autophagy[J]. Cell Biol Int, 2019, 43 (6): 582-592.

[4] HIRSCHHORN T, STOCKWELL B R. The development of the concept of ferroptosis[J]. Free Radic Biol Med, 2019, 133: 130-143.

[5] YU P, ZHANG X, LIU N, et al. Pyroptosis: mechanisms and diseases[J]. Signal Transduct Target Ther. 2021, 6 (1): 128.

[6] ASHRAFIZADEH M, MOHAMMADINEJAD R, TAVAKOL S, et al. Autophagy, anoikis, ferroptosis, necroptosis, and endoplasmic reticulum stress: Potential applications in melanoma therapy[J]. Cell Physiol, 2019, 234 (11): 19471-19479.

[7] DORAN A C, YURDAGUL Y J, TABAS I, Efferocytosis in health and disease[J]. Nat Rev Immunol, 2020, 20 (4): 254-267.

[8] BOADA-ROMERO E, MARTINEZ J, HECKMANN B L, et al. The clearance of dead cells by efferocytosis[J]. Nat Rev Mol Cell Biol, 2020, 21 (7): 398-414.

[9] BUTSCH T J, GHOSH B, BOHNERT K A. Organelle-specific autophagy in cellular aging and rejuvenation[J]. Adv Geriatr Med Res, 2021, 3 (2): 210010.

[10] SAHA S, PANIGRAHI D P, PATIL S, et al. Autophagy in health and disease: a comprehensive review[J]. Biomed Pharmacother, 2018, 104: 485-495.

[11] MORIOKA S, MAUERÖDER C, RAVICHANDRAN K S. Living on the edge: efferocytosis at the interface of homeostasis and pathology[J]. immunity, 2019, 50 (5): 1149-1162.

[12] FIVENSON E M, LAUTRUP S, SUN N, et al. Mitophagy in neurodegeneration and aging[J]. Neurochem Int, 2017, 109: 202-209.

[13] TYLER J B, BHASWATI G, BOHNERT K A. Organelle-specific autophagy in cellular aging and rejuvenation Adv Geriatr Med Res. 2021：3 (2): 210010.

[14] FERRO-NOVICK S, REGGIORI F, BRODSKY J L. ER-phagy, ER homeostasis, and ER quality control: implications for disease[J]. Trends Biochem Sci, 2021, 46 (8): 630-639.

[15] ANDING A L, BAEHRECKE E H. Cleaning house: selective autophagy of organelles[J]. Dev Cell, 2017, 41 (1): 10-22.

[16] GUAN Y, DRAKE J C, YAN Z. Exercise-induced mitophagy in skeletal muscle and heart[J]. Exerc Sport Sci Rev, 2019, 47 (3): 151-156.

[17] CAI Q, JEONG Y Y. Mitophagy in Alzheimer's disease and other age-related neurodegenerative diseases[J]. Cells, 2020, 9 (1): 150.

[18] FESTJENS N, VANDEN BERGHE T, VANDENABEELE P. Necrosis, a well-orchestrated form of cell demise: signalling cascades, important

mediators and concomitant immune response[J] Biochim Biophys Acta. 2006, 1757 (9-10): 1371-87.

[19] DE C G. Mechanism of enhanced MerTK-dependent macrophage efferocytosis by extracellular vesicles[J]. Arterioscler Thromb V asc Biol, 2019, 39 (10): 2082–2096.

（乔萍）

思考题

1. 简述非程序性坏死和程序性死亡的主要区别，哪种情况下程序性坏死是可逆转的？

2. 程序性死亡的分类有哪些？其中哪几类程序性死亡可能涉及炎症反应？

3. 什么是线粒体自噬，举例说明线粒体自噬在衰老和疾病中的作用。

4. 如何理解"胞葬作用"的每一步骤是受到严格监控的，以确保吞噬细胞精确地吞噬凋亡细胞？

5. 从细胞器特异性自噬角度，谈谈如何理解细胞是动态的。

第四章 自稳复元

19世纪法国生理学家克劳德·伯纳德（Claude bemard）提出内环境概念时曾说：内环境保持相对稳定是生物体自由生存的条件。在不断变动的内外环境因素作用下，正常机体能够维持多种体内的生物参数保持在一定范围内，如血液pH、血清渗透压、动脉血氧和CO_2分压、血糖浓度、血压和体温等，从而维持各器官系统功能和代谢的正常进行，维持内环境的相对动态稳定，这种现象称之为稳态（homeostasis）。只有当这些参数调节器的设定值改变，才会导致慢性疾病。

第一节 概 述

稳态即相似的状态，是美国生理学家坎农（W.B.Cannon）于21世纪20年代末提出的，是内环境恒定概念的引申和发展。在坎农时期，稳态主要指内环境是可变的又是相对稳定的状态。稳态是在不断运动中所达到的一种动态平衡，即是在遭受许多外界干扰因素的条件下，经过体内复杂的调节机制使各器官、系统协调活动的结果。这种稳定是相对的，不是绝对的。传统观点认为机体稳态是体内内环境能够针对外界的干扰保持稳定的状态。然而，有学者提出机体内部的平衡并不依赖于某一特定状态的静态维持，而是必须通过系统各组成部分之间的适应性"时－空"相互作用逐渐形成，从而构成体内动态平衡（homeodynamics）。这种动态平衡赋予了生物体具有"缓冲"，或称为复元（resilience）的能力，从而通过损伤调控、适当的应激反应、降低生物"噪声"和持续的重塑，使机体拥有生存及维持健康的能力。而这种自稳复元（homeostatic resilience），也可称为稳态调节的过程，涉及神经、遗传、内分泌（激素）与代谢、免疫和微生物等多种调节机制。

第二节 神经调节

机体在应对外界袭扰子时会出现不同的反应。例如，在遇到危险或剧烈运动时心率会加快，而在解除危险、保持安静状态下心率则会降低，说明体内存在精密的调控机制维持自稳复元的过程。这种调控机制受损则可引发病理改变，如心血管疾病或精神性疾病。

自稳复元在很大程度上是由多个大脑回路功能的适应变化所调节的，这些回路调节着对压力的心理生物学反应（"搏斗和逃跑"与"休息和消化"）。这些变化涉及无数的神经递质、神经肽、激素、受体及其相关的信号通路的参与，这些信号通路共同协调了对急性或慢性应激原的稳态反应。

所谓应激是机体在受到各种内外环境因素及社会、心理因素等刺激时所出现的全身性非特异性适应反应，又称为应激反应。这些刺激因素称为应激原（或可统称为袭扰子），包括生理反应和心理反应两大类。生理反应表现为交感神经兴奋、垂体和肾上腺皮质激素分泌增多、血糖升高、血压上升、心率加快和呼吸加速等；心理反应包括情绪反应与自我防御反应、应对反应等。

应激引起的心理反应可分两类：一是积极的心理反应；另一种是消极的心理反应。积极的心理反应是指适度的皮质唤醒水平和情绪唤起、注意力集中、积极的思维和动机的调整，这种反应有利于机体对传入信息的正确认知评价、应对策略的抉择和应对能力的发挥。消极的心理反应是指过度唤醒（焦虑）、紧张、过分的情绪唤起（激动）或低落（抑郁）、认知能力降低、自我概念不清等，这种反应妨碍个体正确地评价现实情境、选择应对策略和正常应对能力的发挥。

应激引起的生理反应能从动物在紧急事例面前表现出的"搏斗或逃跑"（fight or flight）反应中发现，这种机制涉及同化（副交感，胆碱能）功能的抑制和异化（交感、肾上腺能）功能的激活。生理性应激反应及其恢复过程称为生理应激，它包括 3 个阶段：第一阶段对刺激产生直接反应及代偿反应，如运动中呼吸加快，血压升高等；第二阶段是对刺激部分出现全适应，如身体适应了训练，细胞活动加强，机体抵抗力增强；第三阶段是刺激停止后的恢复过程，应激反应逐渐消失，体内环境恢复到刺激前的情况（由于适应机制的存在，这时体内环境可能有所改善）。运动训练的目的在于使运动员对增大的负荷产生适应，应激反应可视为训练过程的一种生理学机制。

交感-肾上腺髓质（SAM）和下丘脑-垂体-肾上腺（HPA）轴是应激反应的两个主要分支，最终分别产生典型的"应激激素"——儿茶酚素（肾上腺素和去甲肾上腺素）和糖皮质激素（GCs）。在通过 SAM 轴的瞬时反应后，HPA 轴随后激活启动级联反应，如下丘脑神经元生物合成促肾上腺皮质激素释放激素（corticotropoin-releasing hormone，CRH），垂体合成促肾上腺皮质激素（ACTH），最后是肾上腺产生糖皮质激素。

促进复元的神经生物学机制包括所有这些神经回路的物理和分子适应。由应激引起的糖皮质激素释放可减少海马神经系统的发生。长期的应激会导致大脑结构的萎缩、神经胶质细胞的丧失和顶端树突树的广泛收缩，阻碍适应性可塑性和损害复元能力。

一、神经递质调节机体自稳

1906 年诺贝尔生理学或医学奖——神经元的发现

神经系统的基本组成单位是神经元细胞（简称神经元）。神经元分为细胞体和突起两部分。细胞体由细胞核、细胞膜、细胞质组成，具有联络和整合输入信息并传出信息的作用。突起有树突和轴突两种。树突短而分枝多，直接由细胞体扩张突出，形成树枝状，其作用是接受其他神经元轴突传来的冲动并传给细胞体。轴突长而分枝少，为粗细均匀的细长突起，常起于轴丘，其作用是接受外来刺激，再由细胞体传出。神经元之间的信息传递主要通过释放产生的神经递质发挥作用（图 4-1）。神经元的发现者获得了 1906 年诺贝尔生理学或医学奖。

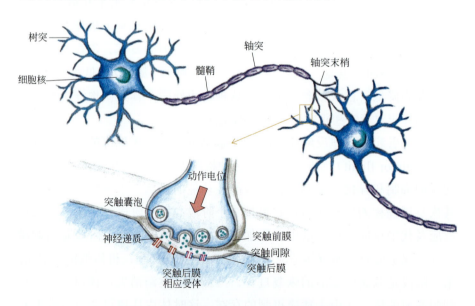

图 4-1 神经元结构及神经递质的产生

神经递质（neurotransmitter）是神经元之间或神经元与效应器细胞，

在肌肉细胞、腺体细胞等之间传递信息的化学物质。在神经元的信息传递过程中，当一个神经元受到来自环境或其他神经元的信号刺激时，储存在突触前囊泡内的递质可向突触间隙释放，作用于突触后膜相应受体，将递质信号传递给下一个神经元。神经递质主要以旁分泌方式传递信号，因此速度快、准确性高。递质信号的终止可依赖于突触间隙或后膜上相应的水解酶分解破坏，或者被突触前膜特异性递质转运体重摄取（图 4-1）。根据神经递质的化学组成特点，主要有胆碱类（如乙酰胆碱，acetylcholine，Ach）、单胺类（如去甲肾上腺素、多巴胺和 5-羟色胺）、氨基酸类（兴奋性递质，如谷氨酸和天冬氨酸；抑制性递质，如 γ-氨基丁酸、甘氨酸和牛磺酸）和神经肽类等。按照神经递质的分布部位，可分为中枢神经递质和周围神经递质，几乎所有的外周递质均在中枢存在。根据神经递质的分子大小，可将中枢神经系统中递质分成两大类：小分子神经递质和神经肽类递质，神经肽类递质由 3～30 个氨基酸组成，共 100 余种（表 4-1）。

表 4-1　中枢神经递质的种类

小分子神经递质	神经肽类递质
乙酰胆碱	阿片肽类： 　亮脑啡肽、甲硫脑啡肽
生物胺类：	脑肠肽类： 　P 物质、神经降压肽等
儿茶酚胺：去甲肾上腺素、肾上腺素、多巴胺	神经激素类肽： 　缩宫素、生长抑素等
吲哚胺：5-羟色胺	
咪唑胺：组胺 嘌呤：ATP、AMP 氨基酸：谷氨酸、天冬氨酸、γ-氨基丁酸、甘氨酸	其他神经肽类： 　血管升压素、降钙素、缓激肽等
其他：NO、CO、花生四烯酸、血小板激活因子	

注：ATP：三磷酸腺苷；AMP：单磷酸腺苷；NO：一氧化氮；CO：一氧化碳

乙酰胆碱是周围神经中神经-肌肉接头及自主性神经节的神经递质，乙酰胆碱对中枢神经元的作用以兴奋为主。去甲肾上腺素（norepinephrine，NE）与躯体运动及内脏活动的调节有关，不能肯定 NE 在中枢神经系统内是属于兴奋性递质或抑制性递质，但可能在特定部位有其特定作用。多巴胺（DA）与躯体运动功能密切相关。5-羟色胺（5-HT）能调节躯体运动和内脏活动。随受体不同，可呈抑制或兴奋效应，但以前者为主。γ-氨基丁酸（GABA）可能是大脑皮质部分神经元和小脑浦肯野细胞的抑制性递质，主要引起突触后抑制。

下面以体温调节为例，介绍神经递质如何通过调控体温维持机体的稳态平衡。

体温调节的基本中枢在下丘脑。切除下丘脑以上前脑的动物即"下丘脑动物",仍能保持接近正常的体温调节功能。而切除中脑以上的全部前脑(包括下丘脑)的动物则不能保持体温的相对稳定。用局部加热或电刺激猫的下丘脑的前部,可引起热喘、血管舒张和足跖发汗等散热效应。破坏该区后,猫在热环境中的散热反应能力丧失,但对冷环境的反应(寒战、竖毛、血管收缩、代谢率升高等)仍存在。破坏下丘脑后部内侧区的结果则正好相反,对冷环境的反应完全丧失。传统生理学据此认为,在下丘脑前部存在着散热中枢,而下丘脑后部则存在着产热中枢。两个中枢之间有着交互抑制的关系,从而保持了体温的相对稳定。

在下丘脑前部还存在着发汗中枢。下丘脑后部内侧区存在着寒战中枢,它对血液温度变化并不敏感,但对来自皮肤冷觉感受器的传入信息比较敏感。电刺激下丘脑前部(散热中枢)可以抑制寒战;冷却视前区——下丘脑前部则可以引起寒战。这表明下丘脑前部有冲动输入至下丘脑后部。

下丘脑与体温的行为调节也有关。对鼠猴进行训练,使它每次从冷室返回时能自行拧开热气开关取暖。如此时突然将其视前区-下丘脑前部的温度由36℃提高到42℃,它就立即关闭热气而打开冷气。这表明体温的行为调节受下丘脑的控制,而体温调节中枢对体内外温度变化的反应,则取决于大脑对来自外周和中枢的多种温度觉信息整合的结果。下丘脑体温调节中枢含有丰富的单胺能神经元,释放 NE、5-HT 和 DA 等神经递质。灌流动物侧脑室或下丘脑的实验证明,5-HT 可引起猫、狗、猴的体温升高,并伴有寒战和外周血管收缩反应,但兔和大鼠对 5-HT 的效应则与此相反。NE 可引起猫、狗、牛的体温降低,并伴有外周血管舒张等效应,但兔、羊、大鼠的效应相反。DA 的作用与 NE 大致相似。将动物置于冷或热环境中,也能相应地引起脑内释放这类递质。上述研究表明,神经递质可能在体温调节中起重要作用。

二、神经-内分泌的调节

人体的神经系统由多个器官组织组成,包括大脑、小脑、下丘脑、脑干等,神经系统通过一系列精密的调控作用,维持机体全身脏器的正常运转,保持人体的健康状态。除此之外,神经系统还可与内分泌系统彼此关联发挥作用,主要包括形成下丘脑-垂体-肾上腺轴、交感-肾上腺髓质轴。

(一)下丘脑-垂体-肾上腺轴

下丘脑-垂体-肾上腺(hypothalamic-pituitary-adrenal,HPA or HTPA)

轴，也被叫做边缘系统-下丘脑-垂体-肾上腺（LHPA）轴，是一个直接作用和反馈互动的复杂集合，包括下丘脑、脑垂体（下丘脑下部的一个豌豆状结构），以及肾上腺（肾脏上部的一个小圆锥状器官）。这三者之间的互动构成了 HPA 轴。HPA 轴是神经内分泌系统的重要部分，参与控制应激反应，并调节许多身体活动，如消化、免疫系统、心情和情绪、性行为，以及能量贮存和消耗。从最原始的有机体到人类，许多物种都有 HPA 轴。

疾病发生、发展的基本环节是病因通过其对机体的损害性作用而使体内自稳调节的某一个方面发生紊乱，而自稳调节任何一个方面的紊乱，不仅会使相应的功能或代谢活动发生障碍，而且往往会通过连锁反应，牵动其他环节，使自稳调节的其他方面也相继发生紊乱，从而引起更广泛而严重的生命活动障碍。以糖代谢和血糖水平的调节为例，交感神经兴奋，肾上腺素（epinephrine，E）、胰高血糖素、糖皮质激素和腺垂体生长激素等可分别间接或直接地通过促进肝糖原分解和糖异生等环节使血糖升高，而迷走神经兴奋和胰岛素则可分别间接或直接地促进肝糖原的合成，抑制糖异生以及促进组织摄取利用糖而使血糖降低。正常血糖水平有赖于上述两方面因素相辅相成的作用而得以维持。

在自稳态的维持中，反馈调节起着重要作用。例如当糖皮质激素分泌过多时，可反馈地抑制下丘脑和腺垂体，从而使 CRH 和 ACTH 的分泌减少，这样就可使糖皮质激素的分泌降至正常水平。反之，当血浆中糖皮质激素减少时，上述的反馈抑制作用会有所减弱，CRH 和 ACTH 的分泌随即增加而使糖皮质激素在血浆中升至正常水平。这样，上述反馈调节就能使正常人血浆和糖皮质激素浓度维持在一个相对恒定的水平。当反馈调节发生障碍时，自稳态就会发生紊乱而引起一系列异常变化。

此外，与糖皮质激素协调，神经营养因子，如脑源神经营养因子（brain-derived neurotrophic factor，BDNF）也是应激复元神经回路的一部分。慢性压力源会减少海马体中 BDNF 的表达，并引起类似抑郁的作用，这可以通过抗抑郁药物和体育运动来逆转。血清素参与介导情绪和情绪的回路，并存在焦虑或抗焦虑作用。急性压力源会增高该神经递质的大脑周转率，并导致抑郁。DA 信号双向调节奖励和厌恶，导致恐惧灭绝，并在压力敏感性和复元中发挥关键作用。神经肽 Y（neuropeptide Y，NPY）在压力条件下具有抗焦虑作用，并抵消不同大脑区域 CRH 的抗焦虑作用。

（二）交感-肾上腺髓质

肾上腺髓质是形成肾上腺中心部的组织。在宽阔的血管间隙中排列着形状不规则的细胞，其中也含有单核吞噬细胞系统的一部分。在交感神经的支配下，能分泌 E。在此意义上，肾上腺髓质是将神经信息转换为激素信息的一种神经内分泌转换器（neuroendocrine transducer）。肾上腺髓质最重要的作用认为是在紧急情况时，通过交感神经为机体创造逃走或准备斗争的体内条件。肾上腺髓质嗜铬细胞分泌肾上腺素和 NE，其都是儿茶酚胺激素。肾上腺髓质位于肾上腺中心。从胚胎发生来看，髓质与交感神经为同一来源，相当于一个交感神经节，受内脏大神经节前纤维支配（属交感神经），形成交感神经-肾上腺系统。肾上腺髓质的腺细胞较大，呈多边形，围绕血窦排列成团或不规则的索网状，细胞内含有细小颗粒，经铬盐处理后，一些颗粒与铬盐呈棕色反应，含有这种颗粒的细胞称为嗜铬细胞，这些颗粒内的物质可能就是肾上腺髓质激素的前体。肾上腺髓质的嗜铬细胞分泌两种激素：E 和 NE，两者的比例约为 4∶1，以 E 为主。它们都是酪氨酸衍生的胺类，分子中都有儿茶酚基团，故都属于儿茶酚胺类。它们的生物学作用与交感神经系统紧密联系，作用很广泛。髓质与交感神经系统组成交感-肾上腺髓质系统，或称交感-肾上腺系统。所以，髓质激素的作用与交感神经紧密联系，难以分开。生理学家坎农认为机体遭遇特殊情况时，包括畏惧、剧痛、失血、脱水、乏氧、暴冷暴热以及剧烈运动等，交感-肾上腺系统将立即被调动起来，儿茶酚胺（NE、E）的分泌量大大增加。儿茶酚胺作用于中枢神经系统，提高其兴奋性，使机体处于警觉状态，反应灵敏；呼吸加强加快，肺通气量增加；心跳加快，心缩力增强，心排血量增加；血压升高、血液循环加快、内脏血管收缩，骨骼肌血管舒张同时血流量增多，全身血液重新分配，以利于应急时重要器官得到更多的血液供应；肝糖原分解增加，血糖升高，脂肪分解加强，血中游离脂肪酸增多，葡萄糖与脂肪酸氧化过程增强，以适应在应急情况下对能量的需要。总之，上述一切变化都是在紧急情况下，通过交感-肾上腺髓质系统发生的适应性反应，称为应急反应。实际上，引起应急反应的各种刺激也是引起应激反应的刺激，当机体受到应激刺激时，同时引起应急反应与应激反应，两者相辅相成，共同维持机体的适应能力。

皮肤温度取决于皮肤的血流量和血液温度。而皮肤血流量主要受交感-肾上腺系统的调节。交感神经兴奋使皮肤血管收缩、血流量减少，皮肤温度因而降低。反之，则皮肤血管舒张，皮肤温度即升高。所以说通过调节 SAM 引起皮肤血管的舒张、收缩是重要的体温调节形式。

三、神经调节异常导致疾病的健康管控

在某些情况下，由于特殊原因导致神经调节异常，最终可引发机体的稳态失衡，无法复元而产生疾病。例如当某些因素使胰岛素受损或使腺垂体功能亢进以致胰岛素分泌不足或生长素分泌过多时，均可使糖代谢发生紊乱，血糖水平显著增高，而糖代谢紊乱的进一步发展将导致脂

类代谢自稳调节的紊乱，表现为脂肪酸的分解占优势而发生酮症酸中毒，说明酸碱平衡的自稳调节也继之发生紊乱。

此外，肾上腺-性腺综合征（adrenogenital syndrome）患者可能因遗传缺陷而致肾上腺皮质 11β- 羟化酶缺乏，因而皮质醇（cortisol）和皮质酮（corticosterone）生成不足，故对 CRH 和 ACTH 的反馈抑制失效，腺垂体不断分泌更多的 ACTH，肾上腺皮质性激素的生成因此增多，故患者血中和组织中 ACTH、17- 酮类醇、雄激素明显增多，女性患者可出现男性化症状。

针对此类疾病患者可采用激素替代疗法，通过给予糖皮质激素，如口服羟化可的松或泼尼松调整体内性激素在正常范围内，必要时可给予盐皮质激素以调整体内钠钾平衡，防止盐潴留和高钾性高血压等并发症的发生。

第三节 遗传因素调节

随着科学技术的进步，利用全基因组关联研究（GWAS），以及对生物和情感因素的分析表明，遗传因素对调节自稳复元也有一定的影响。

面对各种内外环境干扰，正常机体可通过自我调节，也使精神或心理保持稳态，称为精神的稳态。精神性疾病，例如精神分裂症、抑郁症等作为困扰人类健康生活的一类严重疾病，是机体对自身精神稳态调节失控的结果，该病的发生往往呈现家族聚集性，提示其发病可能与遗传因素密切相关。

一、遗传基因调控

在编码神经营养因子或 NE 应激反应的调节剂的基因中，已经发现了复元调节的变异体。相反，由于儿茶酚-o-甲基转移酶（COMT）、脑源性神经营养因子（BDNF）、血清素转运蛋白（SLC6A4）和 NPY 存在缺乏，可增加患精神障碍的风险。有研究显示，精神分裂症患者脑内 NPY 表达水平降低，而 BDNF 可诱导神经系统 NPY 表达，因此精神分裂症患者 NPY 水平的降低可能是由于 BDNF 的异常所致。此外，也有研究显示，NPY 基因的部分位点突变与精神分裂症易感性增加有关。

理解应激反应的个体差异需要解释基因在多个表型水平上的影响，包括复杂行为和大脑区域对情绪刺激的代谢反应。NPY 具有抗焦虑作用，其释放是由应激引起的。NPY 在边缘系统的区域中大量表达，这些区域与觉醒以及对刺激和记忆的情绪效价分配有关。Zhou 等[2] 研究表明，单倍型驱动的 NPY 表达预测了大脑对情绪和压力挑战的反应，也与特质焦虑呈负相关。NPY 单倍型可以预测死后大脑和淋巴细胞中 NPY 信使 RNA 的水平，以及血浆中 NPY 的水平[2]。较低的单倍型驱动的 NPY 表达预示着较高的情绪诱导的杏仁核激活，以及通过疼痛/压力诱导的不同大脑区域内源性阿片类神经传递的激活评估的复元功能减弱。一个位于启动子区域的单核苷酸多态性（SNP rs16147）改变了体外 NPY 的表达，似乎占了体内表达变化的一半以上[2]。这些集中的发现与 NPY 作为一种抗焦虑肽的功能一致，并有助于解释对应激（许多疾病的危险因素）复元能力的个体差异[2]。

二、遗传-环境互作调控

同样，对调节糖皮质激素受体反应的应激相关基因 FK-506 结合蛋白（FKBP5）的研究也确定了儿童创伤背景下的特定遗传-环境相互作用。FKBP5 通过调节糖皮质激素受体的敏感性，进而影响 HPA 的活性，因而参与调节应激相关的心理过程。大量研究提示，FKBP5 基因与创伤暴露的基因-环境交互作用对创伤后应激障碍（posttraumatic stress disorder, PTSD）和抑郁具有较大的影响。PTSD 的特征是暴露于创伤事件后，HPA 轴的调节失调，表现为 HPA 轴的负反馈抑制增强[3, 4]。PTSD 异常的一个典型临床特征是在地塞米松给药时皮质醇被过度抑制，GR 的敏感性增强[5, 6]。即便如此，只有少数创伤暴露个体最终会发展为 PTSD[7]，应激后 GR 敏感性的增加只发生在 PTSD 中，而不是在非 PTSD 受试者中[5, 6]。PTSD 发展与 GR 敏感性之间关系的潜在机制仍不清楚。

调节 GR 信号的遗传因素影响 HPA 轴对应激反应的个体差异[8, 9]。一个关键的调控基因是 *FKBP5* 基因，它编码 FKBP5 蛋白[10]。在皮质醇缺失的情况下，FKBP5 与 GR 复合体结合，导致对皮质醇的亲和力降低，GR 的核易位效率降低。在皮质醇存在的情况下，FKBP5 与其他辅助伴侣交换，导致 GR 向核的易位效率提高[11]。具有特异性 FKBP5 单核苷酸多态性（SNPs）的健康携带者往往有较高的 FKBP5 蛋白表达，从而降低皮质醇亲和力和 GR 的核易位，导致 GR 抗性[8]，这表明应激反应后存在保护特征。然而，这种功能关联在 PTSD6 中被切换，其中相同的 FKBP5 SNP 与 GR 敏感性增加相关，赋予 PTSD 的"风险"SNP。

应激相关基因 *FKBP5* 与糖皮质激素受体（GR）信号失调有关，显示在创伤暴露的 PTSD 受试者中 GR 敏感性增加，但在没有 PTSD 的受试者中没有。然而，FKBP5 作用下的神经机制仍然知之甚少。中国学者 Qi 等[12] 对 FKBP5 进行了相关研究，研究对象包括 237 名失去独生子女的汉族成年人。对 4 个 FKBP5 单核苷酸多态性（*rs3800373*、*rs9296158*、*rs1360780* 和 *rs9470080*）进行基因分型。179 名受试者根据 FKBP5 H1 和 H2 两种主要的阴阳单倍型成功分为 3 个 FKBP5 双倍型亚组。使用 4 种不同频段（slow-5、slow-4、slow-3 和 slow-2）的双向（PTSD 诊断和 FKBP5 双倍型）协方差分析比较大脑平均谱功率。成年 PTSD 患者的双侧顶叶 slow-4 和左额下回 slow-5 的光谱功率较低。FKBP5 双倍型主要作用于 slow-4 组的前扣带皮层（ACC）（H1/H1 高于其他两个亚组），以及 slow-3 组的中央前/中央后回和中扣带皮层（MCC）（H2/H2 高于其他两个亚组）。同时，在 slow-3 的右顶叶中存在明显的诊断 × FKBP5 双倍型相互作用效应。这些研究结果表明，成年 PTSD 患者在执行控制网络区域具有较低的低频能力。FKBP5 高危双倍型组 ACC 能量较低，运动/感觉区能量较高，提示对威胁刺激的情绪处理和超警觉性/敏化障碍，诊断与顶叶 FKBP5 的交互作用可能参与了 PTSD 的发展。这一证据表明基因与童年环境相互作用对 PTSD 的重要性。

值得注意的是，增加对不良事件病理反应风险的遗传多态性也可能在有利环境中提供实质性益处，或许提示其相反的作用[13]。基因对积极性状的影响随着环境变得更不利而增加，这意味着孩子继承了抵消社会环境挑战的能力。据笔者所知，这种形式的相互作用只有一个已经发表的例子：基因对阅读能力的影响随着父母教育（环境因素）的下降而增加[14]，Pennington 等[15]称之为"弹性相互作用"。

最近的研究表明，社会环境可以调节基因影响对健康的表现，而基因影响可以塑造个人对社会环境的敏感性。证据支持 4 个主要机制：基因可以影响个体对环境压力的反应，基因可以增强个体对有利和不利环境的敏感性，遗传特征可能更适合某些环境，而不是其他环境，遗传能力可能只在具有挑战性或响应性的环境中表现出来。进一步的进展取决于更好地认识基因-环境相互作用的模式，改进评估环境及其对遗传机制影响的方法，使用适当设计的实验室研究，在环境调节发生之前确定个体的遗传差异，以及澄清社会和遗传调节影响的时间[13]。

三、遗传调控异常诱发疾病的健康管控

精神分裂症患者的糖皮质激素受体（GR）功能降低，患者脑中参与应激调节的关键区域，如杏仁核、海马以及前额皮质等的体积缩小，糖皮质激素（GCs）与海马体体积呈负相关。FKBP5 对 GR 具有负调节作用，通过与 GCs 竞争结合 GR，从而抑制 GCs 对 HPA 轴的调控作用。因此抗精神病药物可通过影响 HPA 轴发挥对精神分裂症患者的治疗作用。此外，也有研究显示，NPY 与 PTSD 动物模型的行为恢复有关，但此种作

用是否适用于人类疾病还有待研究。

第四节　激素和代谢调节

小故事：促胰液素的发现

自稳复元不仅由大脑控制，还涉及内分泌和代谢回路。在20世纪以前，"激素（hormone）"这一概念还没有被提出，学术界普遍认为，人和动物体的一切生理活动都是由神经系统调节的。促胰液素是人们发现的第一种激素，而斯他林（Starling）、贝利斯（Bayliss）最先证明了其受化学物质控制而不是神经调节。这一重要发现使人们认识到，人和动物体的生命活动，除了受神经系统的调节外，还存在着其他调节方式——由内分泌器官（或细胞）分泌的化学物质进行调节，这就是激素调节（hormoral regulation）。此后，科学家又陆续发现了多种激素，弄清了这些激素的来源和作用。

一、激素调节机体自稳

（一）激素的概述

激素，希腊文原意为"奋起活动"，对机体的代谢、生长、发育、繁殖、性别、性欲和性活动等起重要的调节作用。激素是高度分化的内分泌细胞合成并直接分泌入血的化学信息物质，通过调节各种组织细胞的代谢活动影响人体的生理活动。

在人体内，由内分泌腺分泌的具有重要调节作用的物质，称为激素。激素的传递方式主要有3种：①大多数激素分泌后直接进入血液，随血液循环到达一定的组织细胞才发挥作用，称为"远距分泌"。②有些激素被分泌后通过细胞间隙液就近扩散，作用于邻近细胞（如某些消化道激素），这种方式叫"旁分泌"。③还有一些激素是由神经细胞（如下丘脑）分泌的，叫"神经激素"，沿轴突借轴浆流动而到达靶细胞，这种方式叫"神经分泌"。激素按其化学本质可分为含氮的蛋白类激素（由氨基酸、肽、蛋白衍生而成）和类固醇类激素两大类；而就其生理功能来说可分为3大类：一类是调控机体新陈代谢和维持内环境相对稳定的，如胰岛素、胃肠激素、甲状旁腺激素等；一类是促进细胞增殖分化，控制机体生长发育和生殖功能，并影响其衰老过程的，如生长激素、性激素等；还有一类与神经系统密切配合，增强机体对环境的适应，如肾上腺皮质激素和垂体激素等。激素分泌量过多或过少都会引起机体功能的紊乱。

（二）激素调控自稳的方式

如胰岛素可以调节血糖浓度，而血糖浓度升高则可刺激胰岛β细胞分泌胰岛素增加，血糖浓度降低又可使胰岛素分泌减少。

糖皮质激素的代谢作用由其他激素调节，如瘦素和生长素。瘦素主要由脂肪细胞产生，抑制食欲，并告知大脑能量储备的状态。胃素由胃肠道细胞产生，作用于下丘脑刺激食欲，但也调节神经保护作用。其他对代谢控制有重要作用的下丘脑激素是保护心肌细胞的缩宫素和一种抗利尿肽精氨酸加压肽。生长抑素通过减少慢性应激条件下的CRH释放来增强弹性。性激素对稳态复元有强烈的影响，并解释了对慢性应激反应中的性别二态性。值得注意的是，应激诱导的神经精神疾病患者表现出代谢表型，这与代谢综合征基本重叠。肾上腺皮质激素对缺血预适应动物模型中的肝脏、心脏等器官具有显著保护作用，机制可能与皮质激素的膜稳定作用、削弱白细胞黏附和吞噬功能有关。

缓激肽（bradykinin，BK）是激肽释放酶-激肽系统中的一种主要的激肽类物质，已被证实体内缓激肽受体根+据组织特异性具有B1和B2两种亚型。在预适应调节机体稳态过程中，两者在不同组织中，分别介导缓激肽的心血管保护效应。主要机制是通过促进心血管组织细胞存活、抗细胞凋亡等方式来实现保护作用。

二、代谢调节机体自稳

（一）代谢的概述

代谢是生物体内所发生的用于维持生命的一系列有序的化学反应的总称。这些反应进程使生物体能够生长和繁殖、保持其结构以及对外界环境做出反应。代谢通常被分为两类：分解代谢可以对大的分子进行分解以获得能量（如细胞呼吸）；合成代谢则可以利用能量合成细胞中的各个组分（如蛋白质和核酸等）。

（二）代谢调控与机体自稳

在急性应激作用下，像损伤一样，儿茶酚胺通过激活棕色脂肪组织（BAT）中的线粒体分离蛋白短暂增加热发生。相比之下，慢性应激可诱导与BAT无关的适应机制或可能导致能量不足。在这种情况下，GCs通过激活糖异生和促进大分子动员、糖酵解、蛋白水解和脂肪分解，从而为应激反应提供能量来源和构建块（葡萄糖、氨基酸和脂肪酸）。此外，高血糖可能导致血压升高，抑制免疫反应，并影响线粒体的生理功能。葡萄糖是唯一可以被大脑利用的供应能量的物质，一旦缺乏葡萄糖，大脑就会出现程度不同的症状，如意识障碍、昏迷甚至死亡。乙醇可对葡萄糖的代谢具有明显的影响：进食不佳状态下饮酒，葡萄糖的厌氧降解（称为糖分解）增加而糖异生减少，可引发低血糖；进食状况良好者饮酒后，由于乙醇可阻断葡萄糖向糖原的转化，使血糖升高，饮酒者常出现一过性的高血糖。

GCs 的代谢作用由瘦素和胃饥饿素等其他激素调节[16]。瘦素主要由脂肪细胞产生，抑制食欲，并告知大脑能量储备的状态。胃饥饿素由胃肠道细胞产生，作用于下丘脑以刺激食欲，但也介导神经保护作用[17]。其他对代谢控制有重要作用的下丘脑激素是保护心肌细胞的催产素和抗利尿肽精氨酸加压素。在慢性压力条件下，生长抑素通过减少 CRH 释放有助于恢复力。性激素对体内平衡恢复力有很强的影响，这解释了对慢性压力源反应的性别二态性[18]。值得注意的是，应激性神经精神疾病患者表现出代谢表型，这与代谢综合征在很大程度上重叠[19]。

三、激素或代谢调节异常导致疾病的健康管控

根据激素类型的不同，其调节异常可引发各种类型的疾病，例如肾上腺轴激素异常导致库欣综合征、肾上腺皮质功能减退症，甲状腺素分泌异常导致甲状腺功能亢进症、甲状腺功能减退症，性激素分泌不足导致的性功能减退，生长激素分泌不足或过度导致侏儒症或巨人症，胰岛素分泌减少导致糖尿病、过多引起低血糖等。针对不同疾病的患者往往采取不同的治疗手段，如患者单纯因激素分泌不足，可通过补充激素进行治疗，缓解病情，例如对甲状腺功能低下者给予甲状腺素，对糖尿病患者给予胰岛素，为侏儒症患者补充生长激素等。但如果患者是由于肿瘤导致激素分泌异常，则需通过手术切除肿瘤的方式控制疾病的进展，如垂体瘤、肾上腺瘤等。对于甲状腺功能亢进症患者，当口服药物无法控制，或出现严重并发症时也可借助于放射性 ^{131}I 治疗，从而有效抑制甲状腺素的分泌，达到根治效果。

放射性 ^{131}I 治疗

第五节　免疫系统调节

人类与自然界中各种生物共存，因此每天都会接触各种各样的病原微生物，然而大部分个体在感染病毒后即使不经过任何药物或其他治疗，一定时间后也可自行恢复健康状态，其主要原因是由于机体中存在强大的防御体系——免疫系统。

免疫系统是人体的重要系统之一，具有免疫防御、免疫自稳及免疫监视的功能，从而保证正常机体能够抵御病原体感染、维持对自身组织不应答（耐受）及防止肿瘤的发生[20]。

免疫系统分为固有免疫（又称非特异性免疫）和适应免疫（又称特异性免疫）[20]。固有和适应性免疫系统都是稳态复元反应的关键组成部分。正常机体具有免疫调节功能，从而维持机体免疫应答处于相对平衡状态，防止疾病的发生。免疫调节是指免疫系统中的免疫细胞和免疫分子之间，以及与其他系统（如神经内分泌系统）之间的相互作用，使免疫应答以最恰当的形式使机体维持在最适当的水平[21]。而长期暴露于压力下会促进广泛的免疫学变化，许多研究认为免疫学变化与压力脆弱性和情感障碍有关。

一、固有免疫系统的调节

（一）固有免疫细胞的调节

当外来物质入侵机体时，机体免疫系统中固有免疫细胞和分子首先被激活，迅速做出应答，从而通过吞噬、杀伤等方式清除异物，抵御感染。病原体被清除后，免疫细胞恢复至静息状态或经历死亡，从而避免因过激应答导致对自身正常组织的损伤。

另一方面，多种固有免疫细胞还存在"阴""阳"两种类型，例如在巨噬细胞中，不同微环境和条件下，其可向促进抗原清除、增强炎症反应的 M1 型巨噬细胞极化，也可向分泌抑制性细胞因子（如 IL-10 等的 M2 型巨噬细胞极化）。当机体受到外来袭扰子的作用时，首先 M1 型巨噬细胞参与对外来异物的清除与杀伤过程，异物被清除后，巨噬细胞又可转变为 M2 型巨噬细胞，参与组织的修复过程。两者相互制约与转变，共同维持体内稳态调节过程。事实上，这种类似的机制存在于多种固有免疫细胞系统中。

此外，免疫系统也参与应激反应的稳态复元过程。在暴露于社交失败压力小鼠的单核细胞中，可诱导一些微小 RNA（miRNA）的产生，它是一类能够通过阻断特异性 mRNA 反应并导致其降解从而调控基因表达的短片段 RNA[21]，如 miR-25-3p（属于 miR-106b-25 家族）。因此，在外周血白细胞中选择性消除该 miRNA 可促进对这类压力的行为复元。

（二）固有免疫分子的调节

在免疫应答过程中，对炎症反应的发生过程具有两类截然相反作用的细胞因子，即促炎细胞因子和抑炎细胞因子，机体出现过强的免疫应答可诱导机体产生抑炎性细胞因子，从而拮抗炎症反应，维持机体稳态调节作用。

此外，使用抗炎药治疗可能会引起抗抑郁作用，而接受抗抑郁治疗的患者则表现出典型的促炎细胞因子，如 IL-1β、IL-6 水平降低。交感神经系统和副交感神经系统分别诱导和抑制炎性细胞因子的产生。在使小鼠承受疼痛引起的压力后，脆弱的动物表现出更高的 IL-6 水平。因此，通过对 IL-6 进行基因敲除或抗体阻断可提高抗抑郁的治疗效果。

研究发现，炎性介质的刺激也可能产生预适应保护效应。在大鼠缺血缺氧预适应前 24 h 给予脂多糖（LPS）刺激，同样具有缺血缺氧预适应保护作用，而且 LPS 预适应可以提供神经保护作用，这与内源性皮质酮的上调及炎症相关基因的调控有关。此外，一些研究也报道了预适应对免疫细胞的影响。LPS 预适应可影响相关免疫细胞的功能，对脓毒性炎症损伤具有保护作用，其中，中性粒细胞、巨噬细胞发挥重要作用。

二、适应性免疫系统的调节

（一）适应性免疫细胞的调节

与抑制性细胞因子类似，免疫系统中还存在一类抑制性细胞，如受到较多关注的调节性 T 细胞（Treg），这种细胞具有抑制免疫应答的作用，从而在调节过强免疫应答中发挥重要作用。同时，研究发现，去除小鼠的 Treg 细胞可导致多器官的自身免疫病，提示这群细胞在维持正常机体的免疫自稳中至关重要。

关于适应性免疫系统，还有几项研究评估了 T 淋巴细胞在病理和正常应激反应中的数量和功能。重度抑郁症（major depressive disorder, MDD）患者表现出 T 淋巴细胞减少，呈现神经保护性或这些细胞的促稳态复元作用。在施加慢性低强度应激前，用髓鞘碱性蛋白对大鼠进行免疫诱导可以促进自身反应性 T 细胞的产生并减少与抑郁相关的行为。T 细胞被招募到中枢神经系统与应激复元呈正相关。此外，据报道，受长期压力小鼠的淋巴细胞可降低促炎细胞因子水平，并赋予幼稚小鼠行为复元的能力和抗抑郁作用。

（二）适应性免疫分子的调节

抗体是由抗原刺激 B 淋巴细胞活化后，进而分化成浆细胞所分泌的具有免疫活性的分子。动物实验表明，在抗原接种之前、抗原接种同时或抗原接种 24h 后注射相应高浓度抗体，可抑制动物产生针对该抗原的特异性抗体。目前认为，其机制可能是由于抗体能与 B 细胞表面相应抗原受体竞争结合抗原，从而发挥负调节作用。因此，这一机制已被应用于临床预防 Rh 血型不合导致的新生儿溶血病。此外，体内抗原刺激产生的 IgG 抗体也可与 B 细胞表面 IgG Fc 受体（FcγR）结合，当与抗体结合的抗原又与 B 细胞表面相应受体结合时，使 B 细胞上 FcγR 发生交联，从而向细胞内传递抑制信号，使其不被活化，处于抑制状态，从而抑制抗体的进一步合成，使免疫应答维持在一定水平。

新生儿溶血病

三、神经-内分泌-免疫系统网络调节

长期以来，人们一直认为免疫系统取决于精神状态，正如"疾病来自精神"这句话所证实的那样。迄今为止，已经发现免疫细胞，如巨噬细胞、树突状细胞、T 细胞和 B 细胞，在其表面表达神经递质受体，并直接接收来自神经系统的信号以改变其动力学。

高水平的应激引起促炎细胞因子的释放，进而刺激 HPA 轴（从而产生糖皮质激素），但干扰糖皮质激素受体（GR）的功能，由此产生的糖皮质激素耐药性干扰 HPA/GR 介导的细胞因子合成下调，从而中断稳态反馈回路并产生恶性循环。有趣的是，促炎细胞因子也能诱导重度抑郁症患者的糖皮质激素抗性，这表明炎症和糖皮质激素信号的作用过程相同，从而导致累积损伤。表观遗传机制也有助于调节对压力的免疫反应。

HPA 轴是一种由糖皮质激素介导的先天免疫反应机制，由中枢神经系统控制，特别是下丘脑室旁核。在 20 世纪 20 年代，发现神经系统通过激素调节炎症反应。随后，人们注意力集中在肿瘤坏死因子-α（TNF-α）和白细胞介素-1（IL-1）等炎性细胞因子和受体介导的神经回路上，发现迷走神经参与了这一反应。受损细胞产生的细胞因子激活传入感觉神经并与传入迷走神经上的受体结合，以向脑干的孤立核发出信号并调节外周组织的免疫反应（图 4-2）。然而，由于这些抗炎作用也与 HPA 轴有关，尚不清楚迷走神经传入是如何被激活的。

众所周知，神经系统对维持动态免疫稳态至关重要。乙酰胆碱（ACh），通常被称为神经递质，但它不仅仅是一种无处不在的信号分子。多种非神经元细胞可以产生 ACh，包括内皮细胞、肠上皮细胞和一系列免疫细胞类型。非神经元型胆碱能系统可保持生物体的稳态和平衡，如血管舒张、微生物菌群和免疫功能。非神经元 ACh 作为细胞间信号分子可调节细胞和组织的生理功能。免疫细胞可以表达胆碱能系统的成分，如胆碱乙酰酶（ChAT，合成 ACh）、ACh 酯酶（降解 ACh）和烟碱型 ACh 受体（nAChR）。非神经元 ACh 根据局部组织环境的神经支配或信号转导从免疫细胞中释放出来，通过自分泌和（或）旁分泌作用于 nAChR 以调节免疫。广泛的免疫系统受到胆碱能系统的精细调节限制了由过度炎症引发的病理性自身免疫损伤。

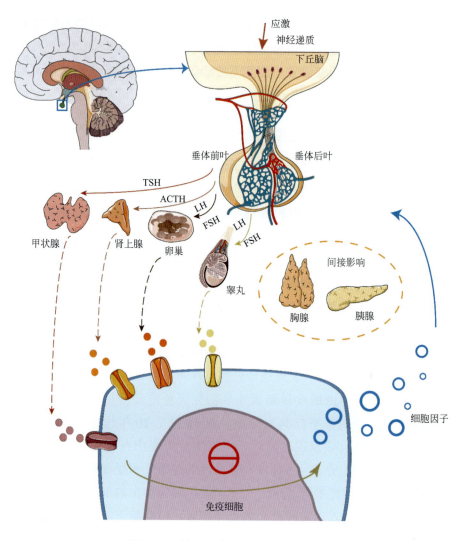

图 4-2　神经–内分泌–免疫调节网络

　　关于神经系统和免疫系统之间相互作用的突破性认识是美国范斯坦医学研究所特雷西（Tracey）小组提出的炎症反射。2000 年，在通过 LPS 给药建立的大鼠败血症模型中发现，迷走神经传出道的直接电刺激抑制了 TNF-α 的产生，从而抑制了休克。迷走神经切断术消除了这种效应，表明它涉及神经回路的一系列反射反应。同时，确定反应是由 ACh 通过其在巨噬细胞上的受体刺激的。他们将这一系列迷走神经介导的反应命名为胆碱能抗炎通路（cholinergic anti-inflammatory pathway, CAP）。后来，使用 α7 烟碱型乙酰胆碱受体（α7nAChR）基因敲除小鼠，阐明烟碱受体的 α7 亚基在 ACh 受体中很重要。在使用败血症小鼠模型的实验中，发现脾脏有助于 TNF-α 的产生，脾切除术减弱了迷走神经刺激（VNS）的作用，这揭示了脾在 CAP 中的重要性。

ACh 从迷走神经末梢释放，而脾神经是肾上腺素能的，这表明迷走神经和脾神经之间涉及其他干预因素，目前对其综合过程仍有不清楚的地方。局部炎症由传入的迷走神经感知并传递到中枢神经系统，之后，它通过传出迷走神经和脾神经传递到脾脏，并从脾神经末梢释放去甲肾上腺素。去甲肾上腺素与存在于特定 T 细胞（具有胆碱乙酰转移酶和 ACh 合酶的 $CD4^+CD44^{hi}CD62L^{low}$ 记忆 T 细胞）上的 $β_2$-肾上腺素能受体相结合，并释放 ACh。$CD4^+$ T 细胞释放的 ACh 与巨噬细胞上的 α7nAChR 结合，减弱巨噬细胞释放炎性细胞因子（如 TNF-α）的能力，从而抑制炎症。然而，副交感迷走神经如何激活交感脾神经仍是未知数。如前所述，CAP 可能涉及更复杂的机制。

四、免疫调节异常导致疾病的健康管控

免疫系统是一柄双刃剑，既能排除外来因素（异己）的侵袭，从而保证了机体的生命，又能因免疫系统的阴差阳错导致疾病的发生。在免疫调节功能紊乱时，对外来入侵物质不能正常应答、清除，会降低机体的抗感染、抗肿瘤能力；或者对"异己"抗原产生高免疫应答性从而导致超敏反应，易造成机体组织的免疫损伤，发生变态反应性疾病，如类风湿性关节炎、系统性红斑狼疮等自身免疫病。

因此针对免疫调节异常所导致的疾病，治疗的基本原则是如何重建正常的免疫功能，对于免疫应答过强所导致的过敏反应、自身免疫病可采用免疫抑制剂，如糖皮质激素、环孢素 A 等；对于免疫应答低下引起的慢性感染、免疫缺陷病等，除了利用抗感染药物控制体内病原微生物外，还可通过增强免疫功能，如注射免疫球蛋白、过继转移淋巴细胞等方式；对于肿瘤患者，除常规手术、放化疗外，近年来新兴的生物治疗策略则是基于正常机体抗肿瘤免疫应答机制发展起来的，如 DC-CIK 疗法、免疫检查点抑制剂疗法等。

DC-CIK 疗法

第六节　肠道微生物调节

肠道菌群（intestinal microbiota）是人体拥有细胞数最多的独特"功能器官"，一个健康人的肠道中定植着约 10^{14} 个微生物，其数量是人体体细胞总数的 10 倍，是人类基因组编码基因数的 150 多倍，称为人类的第二套基因组。肠道菌群参与人体的营养代谢，可维持肠道的正常生理

功能和机体免疫功能。

通过产生生物活性代谢物来维持稳定的肠道微生物群对宿主免疫系统的稳定性和认知/情感平衡很重要，进而产生微生物群-肠-脑轴。肠道微生物群在个体中差异很大，一旦细菌的多样性和功能在童年时期被充分确定，它就会表现出强烈的稳态，这意味着它的组成和活性保持基本稳定。健康微生物群的稳态防止了各种与微生物失调相关的疾病的发生，如炎症性肠病、代谢综合征、心血管功能障碍、抑郁症、哮喘、类风湿性关节炎、结肠癌和自闭症谱系障碍等。

一、肠道菌群的概述

肠道菌群即人体肠道的正常微生物，如双歧杆菌，乳酸杆菌等能合成多种人体生长发育必需的维生素，如 B 族维生素（维生素 B_1、B_2、B_6、B_{12}）、维生素 K、烟酸、泛酸等；还能利用蛋白质残渣合成必需氨基酸，如天门冬氨酸、苯丙氨酸、缬氨酸和苏氨酸等；并参与糖类和蛋白质的代谢，同时还能促进铁、镁、锌等矿物元素的吸收。这些营养物质对人类的健康具有重要作用，一旦缺少会引起多种疾病。

人体肠道内的微生物中，超过 99% 都是细菌，人肠道中寄生着 10 万亿个细菌，有 500~1000 个不同的种类。它们能影响体重和消化能力、抵御感染和自身免疫疾病的患病风险，还能控制人体对癌症治疗药物的反应。这些数目庞大的细菌大致可以分为 3 大类：有益菌、有害菌和中性菌。

有益菌，也称之为益生菌，主要是各种双歧杆菌、乳酸杆菌等，是人体健康不可缺少的要素，可以合成各种维生素，参与食物的消化，促进肠道蠕动，抑制致病菌群的生长，分解有害、有毒物质等。有害菌数量一旦失控，就会引发多种疾病，产生致癌物等有害物质，或者影响免疫系统的功能。中性菌即具有双重作用的细菌，如大肠埃希菌、肠球菌等，在正常情况下对健康有益，一旦增殖失控，或从肠道转移到身体其他部位，就可能引发许多问题。

人体的健康与肠道内的益生菌群结构息息相关。肠道菌群在长期的进化过程中，通过个体的适应和自然选择，菌群中不同种类之间，菌群与宿主之间，菌群、宿主与环境之间，始终处于动态平衡状态中，形成一个互相依存、相互制约的系统，因此，人体在正常情况下，菌群结构相对稳定，对宿主表现为不致病。

有研究指出，体魄强健的人肠道内有益菌的比例达到 70%，普通人则是 25%，便秘人群减少到 15%，而癌症患者肠道内的益生菌的比例只有 10%。

有益菌菌群的生理功能：①吸收水分，使粪便较软，较易排泄；②使肠道缓和地蠕动，能顺利将粪便排出；③有助于维生素的合成；④迅速排出有害物质；⑤避免病原菌的侵害。肠道有益菌菌群除了以上功能之外，对人体还有营养作用。B族维生素和非必需氨基酸对人类的毛发具有重要作用，缺少这些营养元素会导致头发脱落或毛发发黄、分叉，容易折断等。

有害菌菌群的生理功能：①排泄不顺畅，肠内囤积粪便；②肠道蠕动过快或太慢；③产生有害物质；④再次吸收对身体有害的物质；⑤病原体容易侵入。

人类与微生物之间的动态平衡称为微生态平衡，影响其微生态平衡的因素有外环境因素，也有宿主因素。外环境主要是通过改变宿主的生理功能而影响微生态的平衡，如有益菌菌群通过产生细菌素、抗生素和其代谢产物，以及争夺营养、争夺空间以阻止过路菌群入侵，保持自身的稳定性。生态平衡时可以保持宿主的正常生理功能，如营养、免疫、消化等。生态失调可由慢性病、癌症、手术、辐射感染、抗生素不合理应用等引起。肠内微生态失衡者可以多进食含膳食纤维的碱性食物，也可以补充微生态制剂，如生态活菌素、双歧杆菌或者水苏糖等，更好地调节肠内微生态的健康。

二、肠道菌群调控机体自稳机制

宿主的肠道系统存在数量惊人的微生物，这些肠道中的微生物群落被统称为肠道菌群。经过漫长的共同进化，肠道为这些微生物提供天然的栖息之地和适宜的生长环境。同时，肠道菌群能够发挥维持宿主自身的消化吸收、能量代谢以及免疫系统的成熟发育等功能。这种互惠共生关系的和谐存在维持了宿主的肠道稳态和个体的健康。

肠道微生物组已成为宿主代谢的关键调节剂。肠道微生物群影响其宿主能量代谢的各种机制，肠道微生物及其代谢物与宿主细胞之间存在复杂的相互作用。最重要的细菌代谢产物是短链脂肪酸，作为宿主细胞的直接能量来源，可刺激肠道激素的产生，并在大脑中调节食物摄入量。其他微生物代谢物通过影响产热和白色脂肪组织褐变来影响全身能量消耗。已知特定代谢物的直接和间接作用机制，如胆汁酸、支链氨基酸、吲哚丙酸和内源性大麻素。特定细菌在特定代谢物产生中的作用，外部因素（如抗生素和运动）也可影响微生物组，从而影响能量稳态。总之，大量证据支持基于肠道微生物群的疗法可用于调节宿主代谢。

口服摄入不同的益生菌可能会加强肠道细菌群落的稳态，尽管对目前现有的大多数产品还没有明确的证据支持对人类健康的有益影响。肠道菌群移植又名肠道微生态移植（FMT），可优化肠道菌群，重建新的肠道微生态，帮助人体形成强大的免疫系统屏障，实现肠道及肠道外疾病的治疗，目前已被用于多种相关性疾病的治疗。肠道菌群移植作为一种不开刀的肠道微生物"器官移植"得以重建肠道微生物系统。菌群移植的原理就是修复缺失的微生态，调节菌群失调，重建肠道微生态系统，进而实现肠道及肠道外疾病的治疗，真正做到"无痛、无创"。

肠道微生态移植已成功治疗艰难梭菌的复发性感染，促使人们评估其用于治疗其他与肠道微生物失调相关的疾病。肠道微生态移植可能会影响从行为到衰老的多种表型。例如，从抑郁症患者中提取的微生物群转移到无生殖表型的小鼠会赋予它们类似抑郁的行为。在代谢综合征和癌症患者的免疫治疗反应中也发现类似现象。但还需要进一步研究，以确定哪些细菌种类及其代谢物产生这种作用及其机制。

三、肠道菌群失调与疾病及其健康管控

（一）引发肥胖

我国的一项研究显示，肥胖可能由细菌感染引发，而不是因为过度饮食、锻炼太少或者是遗传因素，这可能对公共健康体系、医药行业以及食品制造业产生深远的影响。在世界各地科学家研究了8年后，中国的这一发现解释了肠道细菌和肥胖之间的联系。科学家找到了与肥胖有关的人类细菌，将其喂食给老鼠致其发生了肥胖；而没有喂该细菌的老鼠，尽管进行了高脂肪喂食，并被阻止锻炼，却没有出现肥胖症状。与该项目没有联系的其他学者，很快对潜在影响发表了评论。杜伦大学（Durham University）生物学讲师戴维·文考夫（David Weinkove）教授说："如果肥胖是由细菌导致的，那么它可能是传染性的，可能来自一些不明环境因素，或者来自父母。到头来它可能与行为无关。"该研究被认为为肥胖的介入治疗开辟了道路，可能开发出药物来进行治疗。

（二）自身免疫病

来自多伦多病童医院的研究人员发现，生命早期接触胃肠道细菌可帮助小鼠预防自身免疫性疾病。这项研究还揭示了相比于男性，女性多发性硬化症、类风湿性关节炎和红斑狼疮等自身免疫性疾病风险更高的原因。该研究首次鉴别了饲养于相同环境中的雌雄性小鼠正常肠道微生物之间的差别，并证实将雄性肠道细菌转移到高遗传风险的雌性体内可以预防自身免疫性疾病。

此外，研究还发现肠道微生物治疗对性激素水平具有影响。当年轻的雌性小鼠接触到来自成年雄性的正常肠道微生物时，它们的睾酮水平升高。随后科学家证实，这一激素对肠道微生物治疗、预防自身免疫病至关重要，发现动物的性别决定了它们的肠道微生物组成，且这些微生物影响了性激素水平，而激素转而调控了一种免疫介导性疾病。

（三）血压调控

一项研究发现，通过对两个主要的短链脂肪酸（SCFAs）受体——嗅觉受体78（Olfr78）和G蛋白耦联受体41（G protein-coupled receptor 41，Gpr41）起作用，肠道微生物群产生的SCFAs可能在调控血压方面起作用[22]。约翰霍普金斯大学的詹妮弗·普卢兹尼克（Jennifer L. Pluznick）及其同事发现，Olfr78在肾脏中表达，且会响应SCFAs，特别是响应丙酸盐，而介导肾素分泌。当给小鼠提供丙酸盐时，小鼠的血压会出现大幅度快速且呈剂量依赖性的下降，而敲除了Olfr78的小鼠对这种效应特别敏感，这提示Olfr78的正常功能是提高血压并对抗SCFAs的低血压效应[23]。相比之下，缺乏Gpr41基因的小鼠对丙酸盐没有低血压响应，而相同剂量则导致了野生型小鼠的强烈低血压响应，提示Gpr41参与了丙酸盐调节血压降低的过程。通过给予抗生素而减少Olfr78被敲除小鼠的肠道微生物群生物质可导致血压升高，提示肠道微生物群制造的丙酸盐可通过Olfr78受体调控血压。这组作者提出，研究肠道微生物群和肾脏–心血管系统的串扰可能有助于更好地理解和治疗高血压。

（四）治疗过敏

早期的微生物接触、刺激可影响机体的免疫系统发育。肠道菌群通过促进肠免疫系统发育、诱导T细胞分化等多种途径调节机体免疫功能，使之处于平衡状态，从而避免或减少免疫相关疾病的发生。过敏性疾病的发生与机体自身免疫系统发育不全、免疫调控机制不完善有关，而肠道菌群可影响机体免疫系统。过敏患儿体内菌群分布与健康儿童有差异，提示肠道菌群与儿童过敏性疾病的发生相关。有研究报道，益生菌对过敏性疾病的防治有积极意义，为过敏性疾病的防治提供了新的途径。

（五）对抗癌症

美国和法国的科研人员2013年12月发现，肠道菌群还能控制人体对癌症治疗药物的反应。据法国巴斯德研究所等机构的研究人员在美国期刊《科学》杂志中的报道，常用于癌症化疗的药物——环磷酰胺能够破坏肠道黏液层，让肠道细菌进入循环系统，其中一些到达脾和淋巴结的细菌能促进形成免疫细胞，而后者会攻击癌细胞。但当研究人员用抗生素杀死实验鼠的肠道细菌后，环磷酰胺间接促生免疫细胞的能力会大大降低。《科学》同期发表的美国国家癌症研究院的另一项研究显示，科研人员选取正接受化疗、存活率为70%的癌症实验鼠，并用抗生素杀死其肠道细菌，结果导致这些实验鼠摄入的化疗药物不再起作用，它们的存活率在2个月后下降到20%。研究人员测试了一种用来治疗结肠癌的药物——奥沙利铂，在测试对象的肠道细菌状态理想时，这种药物的效果最佳；但当使用抗生素杀死肠道细菌后，奥沙利铂的药效大打折扣。

一般而言，医生经常需用大量抗生素为癌症患者预防感染，但研究发现，抗生素可能会影响抗癌药的疗效。从上两项研究还显示，对于不同的抗癌药，助它们一臂之力的肠道细菌种类也不同。而此前的研究发现，某些种类的肠道细菌还可能促进肠癌的发生，因此不可盲目地补充肠道细菌。

肠道菌群移植可以治疗的疾病包括：①肠道疾病，如严重肠道菌群失调、溃疡性结肠炎、克罗恩病、难治性肠道过敏、难治性便秘、结直肠癌、肠易激综合征等。②代谢性疾病，如肥胖、2型糖尿病、高脂血症、高尿酸血症、高血压、高同型半胱氨酸血症等。③恶性肿瘤手术后或放化疗后。④肝脏疾病，如病毒性肝炎、肝硬化、肝癌、肝性脑病等。⑤自身免疫疾病，如多发性硬化、特发性血小板减少性紫癜、银屑病等。⑥神经系统疾病，如小儿自闭症、阿尔茨海默病、帕金森病、抑郁症、非器质性失眠症、癫痫等。⑦其他状态，如食欲不振、精神紧张、记忆力下降、不明原因的疲劳等。

总之，局部、器官和全身通信系统的建立可以通过快速适应和负调节来响应干扰，由于大多数负反馈循环的激活而产生稳态复元。当机体遭遇过度压力或储备能力不足，该稳态机制失效，最终可导致衰老和疾病。这种稳态失效可能涉及细胞内分子、细胞器、细胞、器官、系统甚至机体等多层次的异常，从而引发机体多种的稳态失衡现象及病理损伤，如不能及时有效调整至稳态平衡状态，最终可导致代谢紊乱、组织损伤、衰老等（表4-2）。

表4-2 稳定失效的机制及相关疾病[1]

层次	现象	病理异常（举例）	后果（举例）
分子	与复元相关的遗传因素	与复元相关的变异	对压力和不良事件的病理反应
细胞器	器官对压力因素的复元	压力反应中细胞器完整性的丧失和功能衰竭	代谢紊乱
细胞	细胞对急性/慢性应激的复元	细胞死亡失调，细胞可塑性下降	细胞过度流失
超细胞单位	组织对压力条件的复元	组织复元和可塑性的丧失	组织损伤、衰老

续表

层次	现象	病理异常（举例）	后果（举例）
器官	大脑介导的对压力反应的调节	对压力的异常心理生物学反应	重度抑郁症、焦虑症
器官系统	器官系统介导的急性/慢性应激控制	器官系统对压力的适应性反应丧失	胃肠道和心血管疾病
系统回路	HPA轴和交感神经系统介导的复元	压力条件下的全身性稳态缺陷	神经损伤、高血压、心血管疾病
机体	压力条件下的微生物群稳态和免疫反应	营养不良，对压力因素的免疫反应缺陷	免疫抑制、代谢性疾病、心理健康障碍、加速衰老

参考文献

[1] LÓPEZ-OTÍN C, KROEMER G. Hallmarks of Health[J]. Cell, 2021, 184(1): 33-63.

[2] ZHOU Z, ZHU G, HARIRI A R, et al. Genetic variation in human NPY expression affects stress response and emotion[J]. Nature, 2008, 452: 997-1001.

[3] YEHUDA R, GILLER E L, SOUTHWICK S M, et al. Hypothalamic-pituitary-adrenal dysfunction in posttraumatic stress disorder[J]. Biol Psychiatry, 1991, 30: 1031-1048.

[4] YEHUDA R. Post-traumatic stress disorder[J]. N Engl J Med, 2002, 346: 108-114.

[5] YEHUDA R, GOLIER J A, HALLIGAN S L, et al. The ACTH response to dexamethasone in PTSD[J]. Am J Psychiatry, 2004, 161: 1397-1403.

[6] YEHUDA R, BOISONEAU D, LOWY M T, et al. Dose-response changes in plasma cortisol and lymphocyte glucocorticoid receptors following dexamethasone administration in combat veterans with and without posttraumatic stress disorder[J]. Arch Gen Psychiatry, 1995, 52: 583-593.

[7] KESSLER R C, SONNEGA A, BROMET E, et al. Posttraumatic stress disorder in the National Comorbidity Survey[J]. Arch Gen Psychiatry, 1995, 52: 1048-1060.

[8] BINDER E B, BRADLEY R G, WEI L, et al. Association of FKBP5 polymorphisms and childhood abuse with risk of posttraumatic stress disorder symptoms in adults[J]. JAMA, 2008, 299(11): 1291-1305.

[9] BINDER EB. The role of FKBP5, a co-chaperone of the glucocorticoid receptor in the pathogenesis and therapy of affective and anxiety disorders[J]. Psychoneuroendocrinology, 2009, 34:186-195.

[10] PAPE, JULIUS C., BINDER, et al. The Role of Genetics and Epigenetics in the Pathogenesis of Posttraumatic Stress Disorder[J]. Psychiatric annals, 2016,46(9): 510-518.

[11] WOCHNIK G M, RUEGG J, ABEL G A, et al. FK506-binding proteins 51 and 52 differentially regulate dynein interaction and nuclear translocation of the glucocorticoid receptor in mammalian cells[J]. The Journal of biological chemistry, 2005, 280(6): 4609-4616.

[12] QI R, LUO Y, ZHANG L, et al. FKBP5 haplotypes and PTSD modulate the restingstate brain activity in Han Chinese adults who lost their only child[J]. Transl Psychiatry, 2020, (2020) 10: 91.

[13] REISS D, LEVE L D, NEIDERHISER J M. How genes and the social environment moderate each other[J]. Am J Public Health, 2013, 103 (1): 111-121.

[14] FRIEND A, DEFRIES J C, OLSON R K, et al. Heritability of high reading ability and its interaction with parental education[J]. Behav Genet, 2009, 39(4): 427-436.

[15] PENNINGTON BF, MCGRATH LM, ROSENBERG J et al. Gene X environment interactions in reading disability and attention-deficit/hyperactivity disorder[J]. Dev Psychol, 2009, 45(1):77-89.

[16] TOMIYAMA A J. Stress and Obesity[J]. Annu Rev Psychol, 2019, 70: 703-718.

[17] YANAGI, SHIGEHISA S, TAKAHIRO K, et al. The homeostatic force of ghrelin[J]. Cell metabolism, 2018, 27(4): 786-804.

[18] HODES G E, GEORGIA E, EPPERSON, et al. Sex differences in vulnerability and resilience to stress across the life span[J]. Biological psychiatry, 2019, 86(6): 421-432.

[19] Raue S, Wedekind D, Wiltfang J, et al. The role of proopiomelanocortin and a-melanocyte-stimulating hormone in the metabolic syndrome in psychiatric disorders: a narrative mini-review[J]. Front Psychiatry, 2019, 10: 834.

[20] 曹雪涛. 医学免疫学 [M]. 7 版 . 北京：人民卫生出版社，2017.

[21] BRUCE A, ALEXANDER J, JULIAN L, et al. Molecular Biology of the Cell[M]. 6th. Garland : Garland Science, 2015.

[22] PLUZNICK J L, PROTZKO R J, GEVORGYAN H, et al. Olfactory receptor responding to gut microbiota-derived signals plays a role in renin secretionand blood pressure regulation[J]. Proc Nat Acad Sci, 2013 110（11）：4410-4415.

[23] PLUZNICK J. A novel SCFA receptor, the microbiota, and blood pressure regulation[J]. Gut microbes, 2014, 5（2）：202-207.

（杨巍，孙巍）

思考题

1. 机体参与自稳复元的调节方式有哪些？
2. 简述肠道菌群失调引发的疾病及其机制。
3. 举例说明神经-内分泌-免疫调节网络在维持机体自稳中的作用。
4. 简述自稳.元中的神经调节作用机制。
5. 肠道菌群移植可治疗哪些疾病？

第五章　节律变化

节律是生命的基本特征之一，从最简单的真核单细胞生物到高等动植物以至人类的基本活动无不具有节律性。在生命过程中，从分子、细胞到机体、群体各个层次上都有明显的时间周期现象，其周期从几秒、几天直到几月、几年不等，广泛存在的节律使生物能更好地适应外界环境。在胚胎发育、再生和发挥各种生物学功能过程中，分子和细胞的精确顺序和时间控制等对生命至关重要。而在机体的正常生理状态下，体内的激素分泌及一些细胞因子的活性变化等也存在不同周期的波动，这种变化称为节律振荡（rhythmic oscillations）。节律系统的不断振荡有助于维持机体各系统的有序和稳定。

第一节　节律的分类

人类的各种生理生化功能、行为情绪反应具有节律变化，是指机体的生物活动以一定的周期，按一定时间周而复始地发生变动的现象，统称为生物节律，该现象直接和地球、太阳及月球间相对位置的周期变化对应，是自然进化赋予生命的基本特征之一，人类和一切生物都要受到生物节律的控制与影响。

20世纪初，英国医生费里斯和德国心理学家斯沃博特发现一个奇怪的现象：有一些病人因头痛、精神疲倦等，每隔固定的天数就来就诊一次，后来他们总结出：人的体力状况变化是以23天为周期的，人的情绪状况变化是以28天为周期的，20多年后，特里舍尔又根据总结自己学生的智力变化情况，总结出：人的智力状况变化是以33天为周期的；后来科学家们又发现：人的"体力状况、情绪状况、智力状况"按正弦曲线规律变化，人的"生物三节律"中，可分为"高潮期""低潮期""临界点""临界期"。关于生物节律的研究，最早可以追溯到17世纪法国科学家Mairan的工作，他出版了一本描述植物叶片每日移动规律的专著。Mairan发现植物即使放置在没有阳光的室内时，叶片仍会每天自发调整角度，这些活动不仅仅代表了植物对外界环境的反应，更说明生物体内部存在一种时钟控制系统。Mairan 的研究揭示了昼夜节律的一个重要特征——自我维持。几乎所有在自然条件下存在昼夜生物节律的生物，在给予恒定光照或在暗室中，而没有来自外界物理环境的任何时间信息提示下，仍可保持自身生物周期性节律。这种生物周期节律的维持清楚地表明某种内部生物节律机制或生物钟的存在。然而，一些研究人员指出，节律性的持续并不能排除由地球绕其轴心公转产生的其他不受控制的周期节律产生的可能性。这种假设，可以被昼夜节律的第二个特征所驳斥：即这些生物自发生物节律的周期接近，但并不是准确的 24 h，如果节律是外源性驱动的，它们应该正好持续 24 h，生物周期节律并不精确是生物节律性的另一个重要特征。

20 世纪初，德国柏林医生威廉·弗里斯和奥地利维也纳心理学家赫尔曼·斯沃博达，各自通过长期的观察和研究，最早提出了人体生物钟理论。他们用统计学的方法对观察到的大量事实进行分析后惊奇地发现：人的体力存在着一个从出生日算起以 23 天为一周期的"体力盛衰周期"；人的感情和精神状况则存在着一个从出生日算起以 28 天为一周期的"情绪波动周期"。20 年后，奥地利的阿尔弗雷德特尔切尔教授发现了人的智力状况存在着一个从出生日算起以 33 天为一周期的"智力强弱周期"。此外，根据该理论，这三个周期从出生开始，并以正弦曲线的方式在整个生命周期中随着环境或生理因素的变化而变化。根据周期性变化的时间不同，生物节律可以分为昼夜节律、月节律和年节律。日节律，以 24 h 为周期的节律，通称昼夜节律，包括睡眠-觉醒周期、血压、心率、内分泌、体温、细胞分裂、血细胞数量的波动变化等很多生理活动；而月节律，约 29.5 天为一周期，主要反映在动物动情和生殖周期上，包括以月为单位的月经周期；年节律，包括动物的冬眠、夏蛰、洄游，植物的发芽、开花、结实等现象。其中的昼夜节律就是最重要的生物节律。

生物节律在动植物中广泛存在，最常见的是周期为 24 h 的昼夜节律（circadian rhythm）。即人们常说的生物钟除此之外，许多生命过程和活动除了昼夜节律之外还呈现比 24 h 周期更短（频率更高）的超日节律（ultradian rhythm），以及比 24 h 周期更长（频率则更低）的亚日节律（infradian rhythms）。例如，常见的超日节律有人类夜间的快动眼-非快动眼睡眠循环、下丘脑内激素分泌和体温调节等。其中，一个复杂而动态的超日节律，由促肾上腺皮质激素（adreno-cortico-tropic-hormone，ACTH）和皮质醇分泌的离散脉冲组成，这种脉冲模式的频率约为 90 min。此外，多种重要器官的功能，如心率、呼吸、脑电活动、肠蠕动等都依赖于一定的节律，均属于超日节律。相反的是，亚日节律则包括月经周期和许多动植物的生殖周期等季节节律等[1]。

生命有机体与外部和内部环境保持生物节律上的同步性，对于机体的健康和生存至关重要，而这种协调性的紊乱或缺失则可能会导致个体罹患疾病，甚至死亡。如夜间活动的啮齿动物在白昼冒险离开洞穴，该动物就容易成为其他动物的猎物。同样，内部环境缺乏生物节律同步性则可能会引发个人的健康问题，如时差，倒班工作和失眠常会引起认知功能受损，荷尔蒙功能改变和胃肠道不适等相关问题。生物节律系统的潜在机制及其功能紊乱带来的潜在后果，是时间生物学领域的研究人员努力探索的方向之一。从广义上讲，时间生物学涵盖了关注生物节律的所有研究领域，包括高频周期，如激素在一天内的脉冲式分泌；每日周期，如活动和休息周期；每月或年度周期，如某些物种的生殖周期等。在这些相互关联的时间生物学领域中，人们最为关注的是昼夜节律周期。几乎所有的生命形式，包括细菌、真菌、植物、鱼类、啮齿类和哺乳类动物都表现出昼夜节律变化。

昼夜节律是最受关注的一种生理节律，也被称为生物钟，包括校准时间的输入机制、产生节律的中枢和外周振荡器以及输出的信号。昼夜节律钟会在时间上组织机体全天的细胞生理学活动，从而使得每天的环境变化能得以预测，同时还能将潜在的有害生理过程暂时分离；通过在组织水平上同步所有细胞，昼夜节律钟就能够确保连贯的时间有机体生理学特性。生物节律对人的身体功能、精神活动、体温、脉搏及激素等生理反应都发挥着重要的调节作用。生物节律的平衡稳定能够保证人体健康的生命活动，生物节律发生紊乱时则会导致人体各种生理及心理功能的异常。如果节律震荡不规律，如经常熬夜，就会打破机体稳态，引发健康问题。目前，昼夜节律是研究最为透彻的一种节律，相关的研究者获得了 2017 年的诺贝尔生理学或医学奖[2]。

2017 年诺贝尔生理学或医学奖：昼夜节律调节机制的发现

第二节　昼夜节律的变化

节律同步系统包括中枢振荡器（peripheral pacemakers）和外周振荡器（peripheral pacemakers），其核心组件是一个主时钟，它由下丘脑的上视神经上核（suprachiasmatic nucleus，SCN）的 20 000 个神经元组成。SCN 通过感受神经的视网膜细胞接收有关环境明暗提示的信息，然后通过自主神经支配和内分泌信号、体温和食物摄入等系统信号的调节，将昼夜节律赋予身体内几乎每一个细胞中的外周生物钟。光/暗周期和食物摄入作为环境线索，主要影响主时钟，而进食和禁食影响器官和其他组织（如肝脏，肠道和脂肪组织）的外周时钟。同时，利用组织特异性突变小鼠所做的研究发现，外围时钟网络的昼夜节律不依赖于视觉的信号。驱动这些昼夜节律振荡的分子机制依赖于复杂的跨转录–翻译反馈环路，它们的相互作用导致时钟控制基因的节律性表达并导致随后的细胞蛋白质组周期性振荡。这些节律影响许多身体过程，包括解毒，新陈代谢，胰岛素分泌，脂肪酸摄取，核心体温调节以及褪黑激素和皮质醇分泌。主要的昼夜节律反馈回路由一系列核心时钟元件组成，例如转录因子脑和肌肉芳烃受体核转录因子样蛋白-1（brain and muscle aryl hydrocarbon receptor nuclear translocator-like protein-1，BMAL-1）和生物钟循环输出蛋白（circadian locomotor output cycles kaput，CLOCK），它们可反式激活编码隐花色素蛋白（CRY1和CRY2）的基因，以及昼夜节律调节因子（period circadian regulator，PER）PER1～PER3，后者反过来又抑制了BMAL-1和CLOCK的表达。核心时钟基因的突变破坏了昼夜节律并导致遗传性睡眠障碍。超过一半的人类基因在至少一个身体组织或器官中的表达模式中表现出昼夜节律振荡。这些基因在转录上的改变会影响主要的稳态机制，这些机制集中在干细胞调节、线粒体功能、免疫反应和微生物群控制上[3-5]。

一、干细胞的节律

干细胞是一种尚未分化的组织细胞。昼夜节律对干细胞的功能会造成影响，如造血细胞迁移、骨骼重塑、脂肪生成、毛发生长周期、肌生成和神经发生。干细胞中的生物钟可能会优先让细胞在夜间进入细胞周期的S期，从而有助于减少白天由紫外线引起的DNA损伤。干细胞衰老与昼夜节律紊乱紧密相关。在一定条件下，干细胞可以分化成多种功能细胞。根据干细胞所处的发育阶段可分为胚胎干细胞（embryonic stem cells，ESCs）和成体干细胞（Adult stem cells，ASCs）。成体干细胞是能够自我更新，产生特殊细胞类型的多能细胞。昼夜节律钟所介导的成体干细胞生理学的时间组织对维持机体组织和干细胞的稳态至关重要，转录/翻译振荡系统及昼夜节律的输出似乎适应了年轻机体每一个成体干细胞维持特定稳态的需求；相比而言，在老化的成体干细胞中，其昼夜节律钟会转向到压力为主的程序中。即使生物节律成分在大多数干细胞中都有表达，但似乎并不是所有的ASC都建立了核心节律机制的转录振荡。具体来说，胚胎干细胞和一些ASC亚室，包括肠道上皮干细胞、造血干细胞，可能还有一些神经干细胞群体，不会建立核心发条的强大转录振荡，而只在它们的分化过程中产生昼夜节律转录振荡。造成这种差异的机制背景和生理原因目前仍不清楚。胚胎干细胞和胎儿心脏中节律蛋白表达的转录后抑制与这些未分化细胞中缺乏生物节律功能有关，这种抑制的释放可能与分化过程有关。有趣的是，在体外 β 细胞分化过程中诱导多能干细胞的生物节律振荡也会触发表观遗传学变化，从而促进工程化胰岛的成熟，这表明在干细胞中建立功能节律可能是分化和成熟过程中的重要一步。干细胞中昼夜节律振荡的鉴定可能为他们的生物学作用提供新的机制见解，同时也有助于优化干细胞治疗方法。因此，在适当的时间从供体中提取这些细胞并注入患者体内，可以提高干细胞移植的治疗效果。

二、线粒体的节律

线粒体为细胞发挥各种功能提供能量供应，因此线粒体被喻为细胞能量的工厂，这个工厂给细胞各种功能提供能量分子 ATP，但是细胞生理状态并不是完全稳定的，大部分都存在昼夜节律。线粒体是多种代谢途径的核心，这些代谢途径与生物钟有着密切的双向关系。辅酶烟酰胺腺嘌呤二核苷酸（NAD+）在细胞能量代谢中发挥重要作用，被证明是控制线粒体氧化代谢节律的关键分子。线粒体生物发生的昼夜节律性主要是由过氧化物酶体增殖物激活受体-γ 共激活因子-1α（PGC1α）（该过程的主要调节剂）与核心时钟组件 BMAL-1 之间的相互影响引起的。PGC1α 控制 BMAL-1 的表达，如果 PGC1α 的编码基因 *Ppargc1a* 发生突变，该小鼠的昼夜节律性振荡会产生变化，造成其在运动活动、体温和代谢率等方面的变化。同样，小鼠 *Bmal1* 基因的破坏降低了 PGC1α 的水平，消除了线粒体结构的昼夜变化，并导致这些细胞器的数量和形态发生了改变。其他参与线粒体分裂（FIS1）和融合（DRP1）的蛋白质也处于昼夜节律的控制之下。脂肪酸氧化酶和电子转移黄素蛋白的活性分别是 β-氧化和氧化磷酸化所需的，也遵循昼夜节律波动。缺氧诱导因子 1α（HIF1α）的表达是昼夜的，在 BMAL-1 耗竭时，它的水平会升高，以响应缺氧。氧化还原稳态涉及的几种酶，如线粒体超氧化物歧化酶 2（SOD2）和某些过氧化还原酶，在小鼠肝脏中均具有昼夜活动性。相应地，氧化还原状态影响主时钟的节律功能，HIF1α 等因子与时钟基因启动子结合并促进对缺氧的适应。依赖 NAD$^+$ 的沉默信息调节因子 1（sirtuin 1，SIRT1）使 PER2 脱乙酰，降低其活性，并改变核心时钟机制的昼夜节律。烟酰胺磷酸核糖基转移酶（NAMPT）（NAD⁺生物合成中的限速酶）的昼夜节律振荡影响线粒体中 NAD⁺ 依赖的代谢反应，并建立了一种反馈机制来调节 SIRT1 的活性进而调控母体时钟基因。因此，分子钟调节线粒体氧化节律与空腹进食周期相联系，以最大限度地控制静息期的能量生产。SIRT1 还有助于线粒体的生物钟调控，该过程主要发生在明暗周期切换的阶段[5, 6]。

三、免疫应答的节律

生物钟在正常条件下对机体的免疫应答具有调节作用，免疫细胞对病原体等刺激因素的反应具有节律性。昼夜节律的振荡驱动免疫细胞的适当迁移，并影响对微生物感染的敏感性，确定模式识别受体的时间表达及其信号传导途径的成分，并确定趋化因子、细胞因子、补体蛋白、凝血因子、颗粒酶和穿孔素的合成和分泌时间。这种生物钟介导的免疫功能调节可能是预测环境变化策略的一部分，并为一天中的每个时间提供最佳保护。血液中免疫系统的关键参数表现出昼夜节律，最显著的是循环造血细胞的数量，以及激素和细胞因子的水平。这种节律是依据休息 – 活动进行波动，如人类多白天活动，啮齿类动物多夜间活动，免疫成分波动自然不同。血液中的细胞免疫和体液免疫成分表现出相反的节律。血液中造血干细胞和祖细胞（HSPCs）和大多数成熟的白细胞（效应 CD8+ T 细胞除外）峰值出现在休息期（即人类夜间和啮齿动物白天），而活动时间段减少。相比之下，糖皮质激素（人类的皮质醇和小鼠的皮质酮）、肾上腺素、去甲肾上腺素和促炎细胞因子（TNF、IL-1β）的水平在活动期开始时达到峰值。与血液中造血细胞数量的顶峰（发生在休息期）相比，造血细胞向组织的迁移优先发生在活动期。因此，在小鼠中，造血干细胞和中性粒细胞向骨髓的归巢，以及单核细胞向肌肉组织的招募，在晚上达到峰值。昼夜白细胞迁移受交感神经局部调节，并由内皮细胞粘附分子和趋化因子的节律性表达所介导。有趣的是，不同的组织粘附分子的表达受到不同的调控。例如，骨髓归巢受体 P- 选择素、e- 选择素和血管细胞黏附分子 1（VCAM1）的表达在骨髓中节律振荡，但在骨骼肌中不发生振荡，而细胞间黏附分子 1（ICAM1）的表达在骨骼肌中节律振荡，但在骨髓中不振荡。这些黏附分子的表达节律驱动了造血细胞向组织的招募。不同的组织如何通过相同的肾上腺素能信号调节不同分子的表达，目前尚不清楚。免疫反应的节奏性也可能会导致相互不兼容程序（耐受性与免疫性）的暂时分离，或避免可能引起免疫反应病理性过度激活的协同交互作用。免疫系统受昼夜节律所调控，在哺乳动物中，进食行为会使自己暴露于微生物中。为了防止感染，肠上皮细胞会产生先天免疫效应因子，包括分泌大量的抗菌蛋白（antimicrobial peptide，AMP），但产生 AMP 的代价是巨大的，因为需要耗费掉大量能量。这也就意味着，肠道先天免疫存在高峰和低谷。研究人员推测肠道内的抗菌免疫力同样会遵循昼夜节律变化。为此，他们研究了在小鼠肠道中产生的对抗食源性疾病的天然抗菌蛋白的表达节律。他们通过小鼠实验发现肠道菌群和生物钟协同产生了肠道先天免疫的昼夜节律。具体而言，小鼠的进食行为促进了肠道分段丝状菌（segmented filamentous bacteria，SFB）节律性地附着于肠上皮，并驱动上皮细胞信号传导和转录激活因子 3（STAT3）的表达和激活振荡，从而产生了一种被称为再生胰岛衍生蛋白 3γ（REG3G）的抗菌分子，在夜间的含量更高（此时为夜行性动物的活跃状态）；而在白天睡眠时含量较少。但在无菌小鼠体内，无论白天还是晚上，REG3G 基本上都不存在。昼夜节律对小鼠抵抗感染的能力产生了重大影响，当研究人员用细菌感染正常小鼠时，他们发现，在白天（睡眠时间），这些小鼠的细菌负荷和死亡率更高。然而，对于体内不能产生 REG3G 的小鼠而言，无论什么时间被感染，其细菌负荷和死亡率都同样高。如果进一步的研究表明这种现象也发生在人类身上，那么科学家可以利用这种机制，制定更有效的定时治疗干预策略，包括什么时间接种疫苗更有效。病原感染引起的免疫反应同样具有昼夜节律，并影响感染结局。相比于夜间感染，如果小鼠早上感染利士曼原虫或鞭虫的话就能更好地清除虫体。而在李斯特杆菌引发的小鼠腹膜炎模型中，单核细胞向腹腔、脾脏和肝脏的迁移则主要发生在下午。一些过敏性症状（如过敏性鼻炎和支气管哮喘等）在午夜至清晨这段时间会加重，这主要归结于免疫细胞（主要是嗜酸性粒细胞）在夜间向呼吸系统转移。免疫细胞调节异常时，人体的正常组织会遭受攻击，导致患癌症、心血管疾病和自身免疫性疾病等的风险增加。研究表明，嗜中性粒细胞产生的中性粒细胞胞外陷阱（neutrophil extracellular traps，NETs）能对抗外源感染，但对正常组织和多血管的器官具有破坏性。而昼夜节律的调控因子能对该免疫机制进行调节，使构成 NETs 的蛋白颗粒逐渐丧失毒性，避免在清除病灶后对机体的正常组织造成损伤。而缺乏核心时钟蛋白的突变小鼠失去免疫和炎症反应之间的时间平衡，可以发展成严重的疾病，包括多种自身免疫病，如哮喘、类风湿关节炎、多发性硬化和自身免疫性肝炎等[3, 4, 7]。

四、肠道菌群的节律

肠道菌群的组成表现出昼夜变化,并受到宿主昼夜节律的调控。由于喂养/禁食周期和饮食对消化的影响,肠道微生物组的组成在一天中波动。食物摄入会影响日常运动、酶活性和上皮细胞更新。只有特定的微生物表现出昼夜节律,饮食决定了这些振荡器的多样性。植物性饮食支持受昼夜节律影响的细菌物种的生长,而高脂肪饮食则对品种产生负面影响。同时,肠道菌群也会影响肠道节律的振荡和功能。研究发现,与无菌小鼠相比,高脂肪饮食影响了无特异性病原体小鼠中生物钟基因 *Bmal1* 和 *Clock* 的表达,同时也显着降低了微生物组的多样性。这项研究中的振荡细菌被发现来自毛螺菌科(Lachnospiraceae),其产生短链脂肪酸丁酸盐。基于饮食组成,特定的微生物会产生影响肝脏中时钟基因表达的代谢物。细菌与宿主之间这种双向通讯的中断会导致营养不良,甚至导致溃疡性结肠炎和代谢紊乱的发生。大脑和肠道微生物群体通过多种通讯系统相连,包括迷走神经、激素、免疫因子、神经递质和微生物代谢产物(如胆汁酸和短链脂肪酸等)。这种肠道菌群和机体如果因为基因多态性、环境因素、饮食变化、肠胃紊乱或衰老相关的因素造成互相之间的通讯轴变化,可能会导致神经和精神疾病的发展,如帕金森病、阿尔茨海默病、焦虑症、重性抑郁症和自闭症谱系障碍等[8]。

第三节 节律调控与疾病

轮班工作、睡眠-觉醒模式不规则、睡眠质量差、频繁跨时区旅行、社交时差和食物摄入时间的变化会导致昼夜节律的失调,昼夜节律的失调与各种人类疾病,如癌症、抑郁症、糖尿病、炎症性肠病、胃炎、慢性代谢性疾病和心血管疾病等的风险增加相关。

心肌梗死在早晨发生更频繁,且临床预后较差,这是因为在清晨机体的缺血耐受性降低;心血管功能、危险因素如血压、血管舒缩功能、血小板聚集以及 PAI-1 等都有明显的昼夜节律变化。具体表现在:(1)时钟基因广泛表达于心血管系统,并发挥重要的调节功能;(2)交感/副交感自主神经调节、血管舒缩功能、动脉血压、血小板聚集以及纤溶酶原激活物抑制剂 1(PAI-1)等心血管系统核心指标均表现出昼夜节律变化;(3)心血管疾病的发病风险与昼夜节律相关。

炎症性肠病（inflammatory bowel disease, IBD）会因昼夜节律紊乱（circadian rhythm disorder, CRD）或睡眠障碍、睡眠时间缩短而诱发或加重，这是因为CRD会破坏肠黏膜屏障功能，使肠道通透性增加、肠道菌群失调及易位、炎性细胞及促炎因子如Th17的分泌，从而诱发持续的肠道炎症，同时会导致微生物群−肠−脑轴双向平衡失调，诱发恶性循环，最终导致IBD。适当的睡眠卫生方法结合外部刺激（如光疗法、时间疗法、饮食疗法等）可调整及重置昼夜节律，有效地管理及预防IBD，控制疾病进展。此外，幽门螺旋杆菌（Hp）诱导胃炎−胃溃疡−胃癌发生发展过程中也受节律分子BMAL1调控作用。

慢性代谢性疾病会因昼夜节律紊乱和睡眠障碍发病率增高。昼夜节律紊乱和睡眠障碍已成为慢性代谢性疾病患病率显著升高的新危险因素，并均伴随Bmal1的异常表达。运动可上调Bmal1表达，减缓慢性代谢性疾病的发病进程。

骨密度和髋关节功能受食物摄入变化的调节。饮食不均衡和运动量降低以及激素水平波动增加了骨骼肌萎缩的发病率，其病理机制主要为慢性炎症加重、线粒体功能障碍、自噬功能状态低下、细胞凋亡增加、肌卫星细胞功能受损以及昼夜节律紊乱等。其中，骨骼肌作为机体最大的外周生物钟，可通过调控昼夜节律核心基因*BMAL1*以及*CLOCK*基因，对骨骼肌纤维结构、线粒体功能、肌肉质量等产生影响。运动锻炼作为改善骨骼肌质量的重要干预策略，可激活昼夜节律信号通路，调控其相位，进而改善肌肉再生、提高肌肉力量，发挥延缓肌萎缩作用。

视网膜时钟失调不仅会导致视网膜或眼部疾病，还会影响整个身体的昼夜节律，因为从视网膜传递的光信息夹带了控制身体昼夜节律的脑钟。哺乳动物视网膜是那些表现出剧烈昼夜节律/昼夜振荡的组织中最独特的组织，视网膜不仅是一种将光信息传递给大脑的光传感组织，它还有自己的昼夜节律"系统"，不受其他昼夜节律振荡器的任何影响。虽然所有视网膜细胞和视网膜色素上皮（RPE）都具有昼夜节律振荡器，但这些振荡器通过神经突触，电耦合（间隙连接）和释放的神经化学物质（如多巴胺，褪黑激素，腺苷和ATP）进行整合，因此整个视网膜作为一个集成的昼夜节律系统发挥作用。视网膜时钟失调不仅会导致视网膜或眼部疾病，还会影响整个身体的昼夜节律。

而诸如癌症、精神系统疾病、糖尿病、哮喘或过敏之类的疾病的症状和对药物的反应每天都会出现波动，表明这些疾病与机体的昼夜节律有关；不健康的饮食习惯和进食时间表会扰乱进食周期与昼夜节律周期的一致性，并引起代谢紊乱。有研究表明，营养干预措施（如限时喂养、间歇性禁食和生酮饮食）可以通过mTOR通路调节振荡相关基因的表达，并实现外周振荡器和中枢振荡器的节律同步。机体因为各种刺激因素导致节律失调之后，可能会导致疾病，而针对节律的治疗方法可以使机体恢复平衡态（图 5-1）。这些治疗方案包括利用特异性针对生物钟相关分子的药物，以及按照节律调整的给药策略和营养素补充[4, 9]。

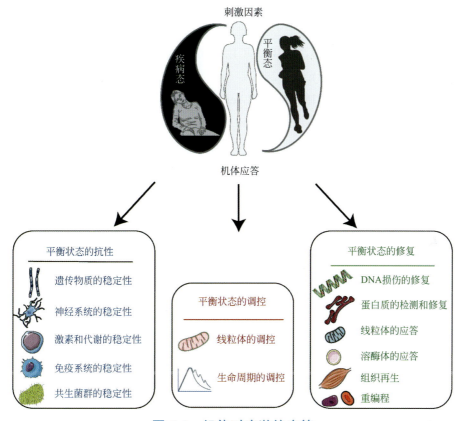

图 5-1　机体对应激的应答

机体对刺激原会产生相应的应答，这些应答的结果可能是恢复机体的稳态，也可能是稳态被打破甚至造成疾病的产生

参考文献

[1] CHAIX A，ZARRINPAR A，PANDA S. The circadian coordination of cell biology[J]. J Cell Biol，2016，215(1): 15-25.

[2] CEDERROTH C R，ALBRECHT U，BASS J，et al. Medicine in the fourth dimension[J]. Cell Metab，2019，30(2): 238-250.

[3] CERMAKIAN N，STEGEMAN S K，TEKADE K，et al. Circadian rhythms in adaptive immunity and vaccination[J]. Semin Immunopathol.，2022，44(2): 193-207.

[4] POOLE J，KITCHEN G B. Circadian regulation of innate immunity in animals and humans and implications for human disease[J]. Semin Immunopathol，2022, 44(2): 183-

192.

[5] RAY S，VALEKUNJA U K，STANGHERLIN A，et al. Circadian rhythms in the absence of the clock gene Bmal1[J]. Science，2020，367(6479): 800-806.

[6] SCHMITT K，GRIMM A，DALLMANN R，et al. Circadian control of DRP1 activity regulates mitochondrial dynamics and bioenergetics[J]. Cell Metab，2018，27(3): 657-666.

[7] DOWNTON P，EARLY J O，GIBBS J E. Circadian rhythms in adaptive immunity. Immunology，2020，161(4): 268-277.

[8] WALTER J，ARMET A M，FINLAY B B，et al. Establishing or exaggerating causality for the gut microbiome：lessons from human microbiota-associated rodents[J]. Cell，2020，180(2): 221-232.

[9] GRECO C M，SASSONE-CORSI P. Circadian blueprint of metabolic pathways in the brain[J]. Nat Rev Neurosci，2019，20(2): 71-82.

（李冬）

思考题

1. 主要的昼夜节律调节分子都有哪些？
2. 昼夜节律的调节依赖光线吗？
3. 思考一下，昼夜节律形成的原因是什么？
4. 昼夜节律对免疫系统有何影响？
5. 昼夜节律失衡会对机体造成什么样的影响？

第六章 修复与再生

局部细胞和组织损伤后,机体对损伤所形成的缺损进行修补恢复的过程称为修复(repair)。修复是机体抗损伤的表现,组织修复主要是通过再生来完成的。再生(regeneration)是体内细胞或组织损伤后,由邻近正常细胞分裂增殖来修补的过程[1]。若再生后的组织在结构和功能上与原来组织完全相同,称为完全性再生;若缺损的组织不能完全由结构及功能相同的组织修复,则称为不完全性再生。

平时,多种因素会造成细胞或组织的损伤,如摔倒产生的皮肤损伤、刀具在手上留下的伤口等,这种小损伤基本可以自愈,这种"修复与再生"属于人体的自我防御机制。然而,这种"简单"的自我愈合功效有限,科学家们一直在不断探索更深层次的"修复与再生"(图6-1)。

图 6-1 修复与再生的探索历程

英国分子生物学家约翰·伯兰特·格登(John B.Gurdon)(2012年诺贝尔生理学或医学奖获得者)在1962年曾进行过一个划时代的实验:把美洲爪蟾的小肠上皮细胞核注入到去核的卵细胞中,结果发现一部分卵细胞依然可以发育成蝌蚪,其中的一部分蝌蚪可以继续发育成为成熟的爪蟾。这是人类第一次从动物的成体细胞中重新复制出一个新的动物,首次实现动物的体细胞核移植,证明了动物细胞核的全能性。

英国科学家马丁·约翰·埃文斯爵士(Sir Martin John Evans)(2007年诺贝尔生理学或医学奖获得者)在1981年做了一个意义深远的手术,他手术切除受精后的小鼠卵巢,并结合激素注射干扰子宫环境,从而使胚胎延迟着床，再回收胚胎，将其体外培养于特定的细胞饲养层上，首次建立了小鼠多潜能胚胎干细胞系。

1984年，丹麦科学家斯丁·维拉德森（Steen Willadsen）教授利用羊的未成熟胚胎细胞，通过细胞核移植技术成功克隆出了一只存活的小羊——真正意义上的第一只克隆哺乳动物。1996年，英国胚胎学家伊恩·威尔穆特博士（Ian Wilmut）将母羊的乳腺细胞移植到被摘除细胞核的卵子细胞，成功地克隆出了小羊多莉（Dolly），它是第一只利用成体细胞（非胚胎细胞）克隆的哺乳动物，证明了一个哺乳动物的特异性分化的细胞也可以发展成一个完整的生物体。

1998年，美国科学家詹姆斯·汤姆森（James Thomson）教授首次建立了人的胚胎干细胞系，被美国《时代》杂志誉为2001年"美国最佳科学家"。人类胚胎干细胞的分离和体外培养成功，可用于体外研究人类胚胎发育的过程，有助于理解分化发育的机制。胚胎干细胞具有较好的临床应用前景，但获得这些细胞会破坏胚胎，所以存在较大的伦理争议。

2006年，日本医学家山中伸弥（Shinya Yamanaka）教授（2012年的诺贝尔生理学或医学奖获得者）利用病毒载体将4个转录因子引入特化的成体细胞（成纤维细胞），使其重编程得到类似胚胎干细胞的诱导多能干细胞（induced pluripotent stem cells，iPSC）。iPSC技术很好地避开了胚胎干细胞的伦理争议，在疾病模拟、药物筛选和细胞治疗中具有应用前景。

CRISPR/Cas9
基因编辑技术

2012年，法国科学家埃玛纽埃尔·沙尔庞捷（Emmanuelle Charpentier）和美国科学家珍妮弗·杜德纳（Jennifer Doudna）开发出CRISPR/Cas9基因编辑技术，可以作为一种精确、高效、程序化修改细胞基因组的工具，重写了"生命密码"，获得了2020年诺贝尔化学奖。

组织器官损伤修复和再生是医学领域最为复杂和重要的科学问题之一，面对损伤，各种组织、细胞的再生能力虽然不同，但都会做出相应的响应，通过内源性基因转录调控改变多种细胞命运属性，实现创伤的修复与再生[2]。细胞在损伤时已经形成了复杂的信号网络，可以系统地感测和应对所有层次的特定类型的损害。这些损伤和修复涉及组织、细胞及细胞内组分，包括DNA的损伤和修复、蛋白质分子的损伤与修复、ER应激反应、线粒体应激反应、溶酶体损伤反应、细胞属性的重编程和组织水平的再生等。

第一节 DNA 损伤与修复

脱氧核糖核酸（deoxyribonucleic acid，DNA）是染色体（chromosome）的主要组分，它以基因（gene）的形式携带生物遗传信息，是生物体发育和正常运作必不可少的生物大分子。人体受到自由基、DNA 加合物、脂质过氧化产物、紫外线辐射、病毒感染、致癌物质等体内外因素会对 DNA 造成损伤。体内外因素通常可以相互作用，体外因素往往先诱发了体内因素，进而导致了 DNA 的损伤。DNA 受损会对 DNA 的复制和转录等过程产生影响，如果不及时进行损伤修复会产生更为严重、广泛的后果，以至于影响细胞的活性，甚至使细胞停止生长，发生凋亡，从而使生物体出现老化症状并走向死亡。DNA 损伤的结果取决于两个方面，损伤的程度和细胞对损伤 DNA 的修复能力。细胞拥有一个组成密集和诱导 DNA 损伤修复的系统网络，共同参与 DNA 损伤反应（DDR），以应对核基因组和线粒体基因组造成的多样性损伤，从而维持基因组的稳定性。DDR 基因的突变或异常，会导致 DNA 损伤修复功能的缺失，引起许多遗传性疾病，这些疾病通常与加速衰老、神经退行性疾病和癌症有关（详见第二章）。

一、导致 DNA 损伤的因素

DNA 损伤是 DNA 在复制过程中发生的核苷酸序列永久性改变。DNA 损伤是诱导衰老与疾病的机制之一，导致 DNA 损伤的因素可分为两大类：内源性损伤（自发性损伤）和外源性损伤（环境作用）。

内源性 DNA 损伤：DNA 在复制、修复或甲基化的过程中发生错误；DNA 自身的不稳定性以及机体代谢产生的部分代谢物都是导致 DNA 损伤的内在因素。内源性 DNA 损伤促进了遗传性疾病和偶发性癌症的发展。如华沙破损综合征（Warsaw breakage syndrome，WABS）、亨廷顿病（Huntington disease，HD）等都是由内源性 DNA 损伤引起的且目前无法治愈的罕见基因疾病。

1.DNA 复制错误

在 DNA 复制过程中，细胞每分裂一次，就为复制错误的发生提供了机会。在 DNA 复制过程中，碱基的异构互变、4 种 dNTP 之间浓度的不平衡等均可能引起碱基的错配，即产生非 Watson-Crick 碱基对。DNA 复制的错配率约为十亿分之一到百亿分之一。尽管绝大多数错配的碱基会被 DNA 聚合酶的校对功能所纠正，但依然不可避免有极少数的错配被保留下来。此外，复制错误还表现为片段的缺失或插入，特别是 DNA 上的短片段重复序列。DNA 重复片段在长度方面有高度多态性，在遗传性疾病的研究中有重大价值。HD、脆性 X 综合征（fragile X syndrome）、肌强直性营养不良（myotonic dystro-phy）等神经退行性疾病均属于此类。

2.DNA 自身的不稳定性

DNA 结构自身的不稳定性是 DNA 自发性损伤中最频繁和最重要的因素。当 DNA 受热或所处环境的 pH 发生改变时，DNA 分子上连接碱基和核糖之间的糖苷键可自发发生水解，导致碱基的丢失或脱落，其中以脱嘌呤最为普遍。

3. 机体代谢过程中产生的代谢物

机体代谢产生的活性氧 (reactive oxygen species，ROS)、活性氮、脂质过氧化产物、DNA 加合物、碱基脱氨等都是导致 DNA 损伤的内在因素。机体代谢过程中产生的 ROS 可以直接作用于碱基，如修饰鸟嘌呤，产生 8- 羟基脱氧鸟嘌呤等。

外源性 DNA 损伤：DNA 被外在环境、物理或化学因素破坏造成损伤。导致外源性 DNA 损伤的因素包括紫外线、电离辐射、交联剂、烷基化剂等，微生物产生的天然毒素，极冷/极热的环境压力等。外源性 DNA 损伤在癌症的诱发中扮演着极其重要的角色。

外源性 DNA 损伤又可分为物理因素、化学因素和生物因素 3 种。

（1）物理因素：紫外线和电离辐射是两类常见的物理因素。紫外线辐射可以使 DNA 相邻嘧啶形成二聚体，引起 DNA 结构破坏，产生突变，导致细胞恶性增殖，最后诱发皮肤癌；电离辐射可以直接破坏 DNA，也可以通过对水的电离作用产生羟自由基，间接造成 DNA 断裂、碱基脱落等损伤。

（2）化学因素：造成 DNA 损伤的化学因素很多。烷化剂具有活泼烷基，可转移到碱基或磷酸上，如硫酸二甲酯、芥子气等；环磷酰胺等烷化剂可用于化疗；氟尿嘧啶（FU）、5- 溴尿嘧啶（BrdU）等核苷类似物，可竞争抑制核苷酸合成或掺入核酸导致错配；亚硝酸盐可引起碱基脱氨；亚硝胺氧化后生成烷化剂和自由基；烟草烟雾中含有大量芳香胺和多环芳烃，可造成 DNA 突变。

（3）生物因素：主要是可诱发肿瘤的肿瘤病毒，如乙型肝炎病毒（HBV）、乳头状瘤病毒（HPV）等，还包括部分真菌（如黄曲霉菌）、细菌（幽门螺杆菌等）。

二、DNA 损伤的类型

不同的损伤源会产生不同类型的损伤。DNA 在各种损伤因素的作用下，主要产生碱基损伤和 DNA 链的断裂[3]。主要包括有碱基结构破坏、碱基错配、DNA 交联、DNA 断裂等。

（一）碱基错配

在 DNA 复制的过程中，有可能会发生碱基的错配或片段的插入或缺失。虽然大多数错配在产生时就会被 DNA 聚合酶的校读功能及时纠正，但仍然有极少数的错配被保留下来。片段的缺失或插入一般出现在短片段重复序列中，例如 HD 就属于 DNA 正在复制过程中增加了拷贝数。患者亨廷顿基因中 CAG 的拷贝数可达 39 以上，高于正常人 38 个以下的拷贝数。

（二）碱基结构破坏

碱基结构破坏产生的原因主要有氧化活性物质导致 DNA 中碱基或嘧啶的氧化修饰、亚硝酸引起碱基脱氨可以导致碱基损伤与糖基破坏；含有氨基的碱基发生氧化脱氨基可以导致碱基替换，比如 C 转变为 U；pH 改变或 DNA 受热可以使核糖与碱基之间的糖苷键发生水解，导致脱碱基位点。

（三）DNA 交联

紫外线可以导致两个胸腺嘧啶碱基以共价键连接成胸腺嘧啶二聚体，称 DNA 的链内交联。紫外线吸收也可以导致其他嘧啶形成二聚体，如 CT 或 CC 二聚体。二聚体的形成可导致 DNA 扭结，影响 DNA 复制或转录。

（四）DNA 断裂

电离辐射是 DNA 断裂产生的一般因素，戊糖结构破坏、碱基损伤和脱落也可导致 DNA 断裂。DNA 单链断裂可由互补链作为模板得到修复，但 DNA 双链断裂往往依赖重组修复，容易产生染色体畸变。

三、DNA 损伤修复类型

DNA 损伤如果不被及时修复，既可能导致基因突变，也可能干扰 DNA 的复制和转录导致细胞死亡。所以生物针对不同类型的损伤进化出了各种修复手段。真核生物的 DNA 修复主要有下 3 种类型：错配修复、切除修复、双链断裂修复。

（一）错配修复

错配修复（mismatch repair, MMR）主要用于修复碱基的错配。美国杜克大学教授保罗·莫德里奇（Paul Modrich）发现 Dam 甲基化酶通过对 DNA 进行甲基化，给限制性内切酶正确指引切割的位置，让修复更为精准。他克隆了MMR系统中3个关键分子MutS、MutH和MutL，DNA链如果发生错配，核酸内切酶MutH能根据Dam甲基化酶的标记把错配链切除，然后通过DNA聚合酶和连接酶的作用完成修复。遗传性非息肉结肠癌（hereditary nonpolyposis colon cancer，HNPCC）患者存在MMR机制缺陷，该患者易患结肠癌、子宫内膜癌、卵巢癌和其他组织癌症。

（二）切除修复

1. 碱基切除修复

碱基切除修复（base excision repair，BER）可修复个别微小的碱基损伤。瑞典科学家托马斯·林达尔（Tomas Lindahl）发现DNA糖基化酶（glycosylases）可以切断损伤碱基的糖苷键，将其释放，并留下缺碱基位点，之后被缺碱基位点内切核酸酶切除，缺口可以被DNA聚合酶以互补链为模板进行修复，这一重要机制就是BER。如果BER相关基因功能缺失会促进癌症的发生，如DNA糖基化酶MUTYH的功能缺失容易发生结肠癌。

2. 核苷酸切除修复

核苷酸切除修复（nucleotide excision repair，NER）可切除大片段的DNA损伤，如紫外线照射产生的DNA损伤。土耳其科学家阿齐兹·桑贾尔（Aziz Sancar）成功克隆和表达了光修复酶（photolyase）基因，证明了光修复酶可以特异识别紫外线所致的DNA损伤片段，并在受损部分切除两个切口，移除损伤片段，之后由DNA聚合酶和连接酶完成修复，揭开了NER机制的神秘面纱。着色性干皮病（xeroderma pigmentosum，XP）已经被证实与NER缺失有关，患者皮肤对紫外线非常敏感，皮肤癌发病率高，常伴有神经系统障碍和智力低下等。

以上3位科学家由于在DNA修复机制和遗传信息保护研究领域的杰出贡献，被授予2015年度诺贝尔化学奖。

（三）双链断裂修复（double strand breaks repair，DSBR）

DNA双链断裂（double strand breaks，DSBs）是DNA损伤中最为严重的一种，重组修复由于没有互补链，所以很难直接得到修复所需的序列信息，需要更复杂的机制来完成修复。对于DNA双链断裂损伤的修复，主要有非同源末端链接（non-homologous end joining，NHEJ）和同源重组（homologous recombination，HR）两种方式，其中NHEJ直接连接断端而不需要模板，而HR使用完整的姐妹染色单体作为修复模板。

1.NHEJ

非同源重组修复是哺乳类动物细胞DNA双链断裂的一种修复方式，非同源重组修复所利用的DNA同源性不高，因此修复的DNA会与原本存在一定的差异。但由于哺乳动物具有巨大的基因组，所以错误可能并不出现在必需基因上，却可以维持受损细胞的存活。而且该过程也可以被看作是一种生理性的基因重组，如以前提到过的免疫系统中的基因重组，即编码 B 淋巴细胞、T 淋巴细胞的受体基因、编码免疫球蛋白基因的重组等。NHEJ 虽然迅速高效，但是会有一系列副作用，可能造成一些序列缺失，同时也会造成一些片段的插入，即所谓不够精确。

2.HR 修复

HR 修复是利用参加基因重组的两段 DNA 双链内含有的一段相同的序列，这样可以确保重组后生成的新序列是正确的。大肠埃希菌的 HR 修复中，起主要作用的是 RecA 蛋白，这种蛋白可识别并容纳 DNA 链。RecA 可与损伤的 DNA 结合，并识别与受损 DNA 序列相同的姐妹链，使之解旋分别与两条受损的 DNA 并列排列，以结构正常的两条链为模板进行修复。最后在其他酶的作用下解开交叉互补，恢复原来的结构。HR 虽然速度较慢，效率较低，但是精准，可以使基因组得到完美修复。

非同源重组修复是快速但非精确的，其过程中可能会随机地引入和去除几个碱基，整个细胞周期都有发生，在 G_1 期及 S 期发挥着重要作用；同源重组修复是复杂而精确的，但是需要同源序列模板，只能发生在细胞 G_2 期或 S 期。针对不同双链断裂损伤类型机体会选择性地启动非同源重组修复或同源重组修复机制，拯救已经受伤的 DNA。

四、DNA 损伤及其修复的意义

（一）DNA 损伤

DNA 的损伤通常被认为是有害的，但 DNA 损伤修复的结果被认为其具有双重效应。一方面是可以给 DNA 带来突变，为生物进化提供基础。二是可能导致 DNA 复制或转录出现障碍严重时可导致细胞死亡。

（二）DNA 损伤修复

1.DNA 损伤修复缺陷与肿瘤

DDR 在维持细胞活力和预防肿瘤发生中有重要作用。不能准确和及时地修复 DNA 损伤，可导致 DDR 基因的突变或异常，包括点突变，染色体易位以及染色体片段（或整个染色体）的增加或丧失，会降低细胞对于内源性和外源性刺激修复能力，促进基因变异的累积，导致肿瘤的发生[5]。肺癌因 DRR 系统异常导致基因变异率增加，更容易引发肺癌驱动突变的产生，可直接导致肺癌的发生发展。

2.DNA 损伤修复缺陷与神经退行性疾病

已有研究表明 DNA 修复异常可能是各类神经退行性疾病的共同机

制。异常的 DNA 修复导致 DNA 损伤的进行性积累，进而引发 DNA 和表观遗传的广泛改变，最终导致神经元正常功能的缺失以及细胞死亡。

3.DNA 损伤修复缺陷与衰老

如果一个细胞在 DNA 损伤的情况下免于死亡，就会发生衰老，从而处于非健康和促炎状态之间。衰老过程中 DNA 损伤积聚，如果 DNA 修复缺陷就会导致细胞衰老加速或早衰，进一步发展细胞会转变为癌细胞；细胞进入被称为衰老的不增殖状态；或者细胞通过凋亡等方式死亡。了解如何应对 DNA 损伤可以揭示衰老进程中的重要线索，并进一步提示 DNA 修复缺陷是如何发生的。这些发现或许可以帮助我们研究出新型提升健康寿命的干预措施。

4.DNA 损伤修复缺陷与免疫性疾病

青少年糖尿病是由胰岛素分泌缺陷、胰岛素敏感性降低或两者共同作用导致。主要影响机体的肾、眼、神经系统、心血管系统。长期高糖环境常引发代谢变化以及 ROS 生成，可在碱基、核苷酸、单链和双链等水平损伤 DNA。ATM 是一种高分子量蛋白激酶，研究发现 ATM 基因与 DNA 损伤修复、细胞周期进程相关，并与糖尿病发生发展紧密联系，可作为治疗糖尿病及其并发症的新靶点[6]。由此可见，提高 DNA 损伤修复的能力具有重要的意义，有望为青少年糖尿病及其并发症的预防和治疗提供新方法。

5.DNA 损伤修复缺陷与遗传性疾病

着色性干皮病 (XP) 是第一个与 DNA 损伤修复缺陷有关的人类疾病。患者的皮肤部位缺乏核酸内切酶，不能修复被紫外线损伤的皮肤的 DNA，因此在日光照射后皮肤容易损伤。会出现对日光过度敏感，皮肤干燥脱屑，雀斑样色素沉着等症状，进一步发展可发生皮肤癌。

第二节 蛋白质的损伤与维稳

蛋白质是生命的物质基础。蛋白质损伤有多种类型，包括晚期糖基化终产物的形成、Asn 和 Gln 残基的脱酰胺化、异常的二硫键交联、氨基或羧基端截断、内部裂解、羰基化和不适当聚集物的形成。当蛋白质合成发生错误时，机体会启动各种质量控制机制清除错误蛋白质。而一旦错误蛋白质逃逸机体的这些监督机制，它们就会在机体内形成"聚集物"，会对某些神经元产生毒性从而导致神经退行性疾病，如阿尔茨海默病、帕金森病或 HD，以及其他与年龄相关的疾病。

细胞蛋白质稳态（protein homeostasis or proteostasis）是指细胞内蛋白质的分子合成、结构与功能成熟、蛋白质量控制、折叠修饰、定位转运、功能恢复、降解等复杂过程的动态平衡。细胞蛋白质稳态失衡，可导致细胞功能异常，也是疾病发生的重要病理基础。蛋白质稳态涉及一系列因素，这些因素要么确保错误折叠蛋白质的复性和稳定，要么将其作为降解靶点。蛋白质（重新）折叠和稳定性是由大量聚集的细胞质和特异性细胞器分子伴侣所介导的，如热休克蛋白等。蛋白质质量控制是由泛素–蛋白酶体系统和自噬–溶酶体系统两个蛋白质水解系统实现的。

一、蛋白质氧化性损伤

在细胞内、外环境中，蛋白质都是自由基和其他氧化剂作用的主要目标。由于某些蛋白质具有较长的半衰期，容易造成氧化性损伤的积累，因此蛋白质氧化性损伤的形成可能是哺乳动物氧化性损伤的高度敏感指标。

（一）引起蛋白质氧化损伤的因素

活性氧（ROS）和活性氮（RNS）是引起蛋白质氧化损伤的重要因素。ROS 和 RNS 可以通过多种代谢途径产生，如化学毒物与药物代谢、细胞呼吸、辐射、光照等。ROS/RNS 具有较高的反应活性，很容易与细胞内的大分子物质快速反应，引起细胞结构的广泛损伤，如膜脂质过氧化、蛋白质及核酸等的氧化损伤。由 ROS/RNS 引起的蛋白质氧化性损伤与衰老、阿尔茨海默病及帕金森病等神经退行性疾病的发生有关。

（二）蛋白质氧化方式

蛋白质的氧化分为主链和侧链的氧化。蛋白质主链断裂可以通过 SDS-聚丙烯酰胺凝胶电泳或高效液相色谱（HPLC）来迅速检测。但由于生物系统中多种蛋白质的存在以及蛋白酶体的潜在水解修复作用，因此在完整的生物体系中，主链断裂产生的片段几乎不能用来作为蛋白质氧化性损伤的标志物。

蛋白质侧链的氧化有以下 3 种：

1. 脂肪族氨基酸

在 O_2 存在时，羟自由基及其他自由基都可以氧化蛋白质的脂肪族侧链，形成氢过氧化物、羟基衍生物和羰基复合物。羟基衍生物比较稳定，不易进一步氧化，其中许多已经作为蛋白质氧化的标志物。蛋白质的羰基衍生物已经被作为由 ROS 介导的重要的蛋白质氧化标志物。

2. 芳香族与杂环氨基酸

芳香族与杂环氨基酸中的苯丙氨酸、酪氨酸、色氨酸和组氨酸等侧链也很容易被氧化。自由基进攻的主要位点是这些氨基酸残基的芳香环或杂环，结果导致环的氧化或断裂，形成不同的氧化产物。

3. 含硫氨基酸

半胱氨酸和蛋氨酸对几乎所有 ROS 都特别敏感。尽管半胱氨酸、蛋氨酸残基很容易被氧化，但由于生物体系中含有二硫化物还原酶和蛋氨酸还原酶，可以还原氧化型半胱氨酸和蛋氨酸，使损伤得以修复。因此，半胱氨酸和蛋氨酸的氧化产物不能作为理想的蛋白质氧化性损伤的标志物。

（三）蛋白质氧化性损伤与衰老

动物实验表明，在氧化应激时，与幼龄动物相比，老龄动物对蛋白质的损伤更敏感，且动物暴露于氧化应激状态时所导致的酶的改变与衰老时的变化相似。如在小鼠体内，血浆总蛋白质羰基的含量随着年龄的升高而明显升高。在培养的人成纤维细胞中，随着成纤维细胞供体年龄的增加，蛋白质羰基含量呈指数增加。而在人的脑组织、晶体及红细胞中，蛋白质羰基含量的增加也与年龄相关。提示衰老过程与蛋白质氧化有关。

抗氧化是预防衰老的重要步骤，如果能够消除过多的氧化自由基，许多自由基引起的及老化相关的疾病都能够被有效预防。

（四）蛋白质氧化性损伤与疾病

蛋白质不仅是生物体的重要组成部分，而且在生命活动中还担负着多种重要功能，对蛋白质的氧化损伤势必会引发或加重疾病。已有研究证明蛋白质氧化损伤与许多疾病关系密切，包括动脉粥样硬化（atherosclerosis，AS）、恶性肿瘤、AD、PD、糖尿病、慢性肾功能衰竭（CRF）、先兆子痫、严重感染等。

AS 的易患因素有高脂血症、高血压等，可使机体抗氧化能力降低，氧自由基产生过多，脂质过氧化作用加强，对血管细胞产生严重损伤作用。氧化损伤可直接造成血管内皮细胞损伤，氧化修饰低密度脂蛋白，形成氧化型低密度脂蛋白，进入血管壁内皮下间隙，趋化单核细胞进入病变部位并诱导其转变为巨噬细胞。与此同时，血管壁中的平滑肌细胞被激活。巨噬细胞和平滑肌细胞识别并吞噬氧化低密度脂蛋白，进一步形成泡沫细胞堆积形成 AS 斑块。氧自由基可以作用于斑块肩部，使其更容易破裂，产生诸多并发症，如斑块内出血、血栓形成、急性冠脉综合征、心肌梗死。

AD 是一种最常见的中枢神经退行性疾病，主要临床表现为记忆力、语言能力、解决问题能力和其他认知能力大幅度下降，影响患者日常活动。AD 的主要病理改变有 β-淀粉样蛋白（amyloid β-protein，Aβ）沉积，神经微管蛋白（Tau）过度磷酸化以及神经元突触功能异常。大量研究表明，AD 的发生与氧化应激有关，小胶质细胞在 Aβ 的的诱导后，导致 NADPH 氧化酶（NOX）被过度激活，尤其是 NOX-2 表达显著增加，进一步使 ROS 过度表达，破坏了血脑屏障的完整性，从而加重了 AD 的发展。除此之外，有研究发现 AD 患者的海马回和海马旁回组织切片中氧化性蛋白的水平升高。

二、蛋白质内稳态

蛋白质内稳态是指通过调节细胞内蛋白质来维持细胞蛋白组和组织本身健康的过程。这个过程也是细胞成长发展以及改善细胞老化和保护细胞对抗疾病工作的中心。细胞内稳态不是仅涉及单个通路或者进程，而是通过高度互联的网络来维持。这个网络由很多复杂的控制通路组成，尤其是蛋白的合成、折叠、运输、聚集、解聚和降解通路。也就是说，蛋白质内稳态网络管理并控制着蛋白质从出生到死亡的生命之路。

细胞中的蛋白质稳态主要通过分子伴侣蛋白系统与两个蛋白水解系统，即泛素–蛋白酶体系统和自噬–溶酶体系统的协调运作来维持。

（一）分子伴侣系统

ER 为蛋白质折叠提供必要的内环境、大量分子伴侣（molecular chaperon）和与蛋白质修饰相关的折叠酶。

分子伴侣是一类能够协助其他多肽进行正常折叠、组装、转运和降解的蛋白质，在真核细胞中，其主要成员是热休克蛋白同系物。其中，最值得关注的是 Bip/GRP78（Hsp70 家族成员）和 GPR94（Hsp90 家族成员），它们负责与多数转位至 ER 腔体的新生蛋白结合。

1. 水性域和分子伴侣

蛋白质的二级结构具有一定的规律性和可预测性。新生肽被分配到 ER 后，具备跨 ER 膜进入 ER 腔的能力。此时，除了自装配，新生肽可能具有两种命运。第一种命运：如果没有分子伴侣辅助，疏水性氨基酸可以彼此结合介导蛋白质聚集，从而不能形成功能蛋白质，并可能在细胞内形成包裹体。第二种命运：分子伴侣可以瞬时结合疏水性氨基酸，从而阻断蛋白质聚集，在折叠酶催化下，介导蛋白质正确折叠。不仅如此，分子伴侣也通过分子竞争结合作用介导聚集蛋白的解离和进一步正确折叠。

分子伴侣与疏水性氨基酸的结合活性也可用于识别变性和错误折叠的蛋白。疏水性氨基酸残基具有斥水性分子力，它们通常在蛋白质内部，这就保持了蛋白质的低能级状态，从而在稳定三级结构方面起作用。新生蛋白若错误折叠，或在热休克（heat shock）状态下，蛋白质的疏水性氨基酸可被暴露。这时，分子伴侣可与之结合并达到识别未折叠蛋白的目的，这也是一种应对应激和蛋白质质量控制的重要机制。

2. 蛋白质的二硫键异构酶

大多数真核细胞的分泌型蛋白质都具有二硫键，也就是由两个半胱氨酸（S）的巯基基团氧化脱氢后形成—SS—结构分子键，它是蛋白质正确折叠和实现生物学功能的必要条件之一。在分子伴侣的协助下，新生肽可以免于聚集，在此基础上新生肽可以非常缓慢地自发氧化形成二硫键。显然，这种速率在应激状态下可能无法满足大量蛋白质折叠的需要，因此，需要特异性酶催化二硫键的形成，这种特异性酶就是蛋白质二硫键异构酶，而且发现其除了催化二硫键的形成以外，还可以介导蛋白质异构化。

（二）蛋白质水解系统

1. 泛素-蛋白酶体系统

泛素-蛋白酶体系统（ubiquitin-proteasome system，UPS）是细胞内蛋白质降解的主要途径，参与细胞内 80% 以上蛋白质的降解[4]。泛素对蛋白质来说无异于"死神来了"，一旦被盯上，终将被摧毁。20 世纪 70 年代末和 80 年代初，泛素-蛋白酶体系统在以色列技术工程学院（Technion-Israel Institute of Technology）阿夫拉姆·赫什科的实验室中被发现。由于他发现泛素-蛋白酶体系统的贡献，阿夫拉姆·赫什科获得了 2004 年度的诺贝尔化学奖。

蛋白酶体主要存在于细胞质与细胞核中，是一个进化高度保守的桶状结构，特异性地降解泛素化蛋白质，在维持蛋白质稳定调节分子功能方面起着重要作用。

细胞内普遍存在的蛋白酶体是 26S 蛋白酶体，26S 蛋白酶体是由 30 多种不同的亚基组成的 2 mDa 的分子结构，这种多亚基蛋白酶复合物对细胞保持蛋白质内稳态起到非常关键的作用。26S 蛋白酶体是由一个核心的 20S 圆筒状的蛋白水解关键复合物和两个 19S 调节复合物组成，还有一种 11S 调节复合物也可以结合到 26S 蛋白酶体，参与另一种方式的蛋白质降解。

UPS 降解蛋白质包括两种主要途径：①依赖 ATP 的 26S 蛋白酶体降解泛素化底物主要负责降解大部分的调节蛋白质；②不依赖 ATP 的 20S

蛋白酶体催化降解途径，负责降解氧化蛋白质。蛋白酶体的结构决定其优先降解未折叠蛋白，UPS 降解错误折叠、氧化和受损蛋白质，调节蛋白质参与信号转导、细胞周期调控、细胞凋亡和基因转录等过程。

2. 自噬-溶酶体系统

与 UPS 相比，自噬局限于细胞质，主要降解长寿命和大分子蛋白质。

自噬是将细胞内受损、变性的蛋白质或细胞器运输到溶酶体内并降解的过程。自噬可参与生物体发育、免疫反应、代谢调节、细胞凋亡和衰老等多种过程。根据自噬发生的分子机制、功能的不同可以将自噬分为微自噬（microautophagy）、分子伴侣介导的自噬（chaperone-mediated autophagy，CMA）和巨自噬（macroautophagy）。其中巨自噬又细分为本体自噬和选择性自噬（selective autophagy）。

（1）微自噬

微自噬是指溶酶体或液泡直接内陷包裹待降解物进行降解的过程。已经发现过氧化物酶体、细胞核、内质网、线粒体、脂滴、细胞质等都是微自噬的底物。

（2）分子伴侣介导的自噬

指具有特定基序的蛋白被分子伴侣识别后，与溶酶体膜上的溶酶体相关膜蛋白（LAMP-2 A）结合，进入溶酶体被降解的过程。分子伴侣介导的自噬只能降解特定的能够被识别和结合的蛋白质。

（3）巨自噬

本体自噬就是一般所讲的自噬，是指细胞在饥饿、Rapamycin 等刺激诱导下，细胞质内产生双层囊泡结构包裹非特定蛋白形成自噬体，随后自噬体与溶酶体/液泡融合，溶酶体/液泡里面的酸性水解酶最终将自噬体包裹的物质降解的过程。

选择性自噬过程与非选择性自噬类似，但需要通过特定的受体蛋白与自噬蛋白 LC3/Atg8 直接结合将细胞内蛋白聚集体或受损细胞器（如线粒体）等运送到溶酶体/液泡中进行降解。目前已知道的选择性自噬包括线粒体自噬、内质网自噬、过氧化物酶体自噬等，这些过程在维持细胞稳态方面具有重要意义。

自噬在机体的生理和病理过程中都能见到，在生理条件下，细胞的基础自噬活性能清除细胞内老化、受损的生物大分子和细胞器等，以维持正常的细胞生物学功能；在饥饿、缺氧等代谢应激状态下，细胞通过自噬降解老化、受损的生物大分子和细胞器等，能获得能量来源和重建所需物质，以维持细胞的基本生命活动。此外，自噬还有助于抑制炎症，包括下调干扰素对病毒感染的反应和促炎因子对入侵病原体的反应。因此，自噬作为细胞重要机制，不仅帮助维持生物体稳态，与个体成长、发育、分化、衰老密切相关，其功能的紊乱还参与肿瘤、自身免疫疾病、神经系统疾病、心脑血管病、代谢糖尿病等多种疾病的发生和发展。

第三节 细胞器的损伤与稳态

一、ER 应激反应

ER（endoplasmic reticulum，ER）是蛋白合成、脂质生成和钙离子贮存的主要场所。ER 负责将多肽链正确折叠、翻译后修饰，从而加工成有功能的蛋白质。通常在缺氧、氧化应激、异常糖基化反应以及钙离子稳态失衡等情况下，未折叠蛋白质增多，当超出内质网的折叠处理能力时，导致错误折叠的蛋白在 ER 中堆积，这种应激状态称为内质网应激（endoplasmic reticulum stress，ER stress），也称为未折叠蛋白反应[8]。

ER 应激细胞如果要生存，就必须迅速恢复蛋白质折叠能力以满足蛋白质折叠需求。在 ER 中存在高水平错误折叠蛋白的情况下，一种称为未折叠蛋白反应（unfolded protein response，UPR）的细胞内信号通路会诱导一系列转录和翻译事件，从而恢复 ER 稳态。2014 年京都大学的森和俊（Kazutoshi Mori）和加州大学圣弗朗西斯科分校的彼得·瓦尔特（Peter Walter）因为发现这条非折叠蛋白反应——一条综合的细胞内信号通路，获得"拉斯克基础医学奖"。

UPR 由 3 种 ER 跨膜蛋白启动：ER 转膜蛋白激酶 1α（IRE1α）、蛋白激酶样 ER 激酶（PERK）和活化转录因子 6（ATF6）。正常情况下，这 3 种 ER 跨膜蛋白结合 GRP78/BiP，形成稳定复合物，处于未激活状态。当发生 ER 应激时，GRP78/BiP 作为 ER 稳态感受器，与这 3 种 ER 应激感受器（IRE1α、PERK、ATF6）发生磷酸化，级联激活下游信号通路，从多个层次缓解 ER 应激。

UPR 是一种细胞自我保护性措施，但是 ER 应激过强或持续时间过久，会通过未折叠蛋白反应激活细胞凋亡信号通路引起细胞凋亡和炎症反应，可能导致糖尿病、阿尔茨海默病、帕金森病等疾病。

1. 内质网应激与糖尿病

糖尿病是一种受各种因素导致的慢性代谢性疾病，当胰腺产生不了足够的胰岛素或者人体无法有效地利用所产生的胰岛素时，就会导致糖尿病。研究发现胰岛 β 细胞对内质网应激反应极度敏感且胰岛 β 细胞内质网内蛋白超载可引起内质网应激[9]，同时通过诱导 ER 应激标记性蛋白 CHOP 表达导致细胞凋亡发生。

2. 内质网应激与肿瘤

ERS 对肿瘤细胞的生存具有双向调节作用。一方面，因为癌细胞生长迅速，氧气供应相对缺乏，细胞长期处于一种缺氧状态下，会造成一定程度的内质网应激反应。肿瘤细胞可通过上调内质网分子伴侣蛋白的表达，促进未折叠蛋白的正确折叠、加速错误蛋白的降解来恢复内质网稳态，使其能耐受缺氧、酸中毒、营养缺乏等不利损伤因素，维持肿瘤细胞的存活和转移[10]。另一方面，发生 ERS 时可以通过相关促凋亡途径诱导肿瘤细胞凋亡[11]。由此可见，肿瘤细胞最终是否能够存活取决于 ERS 对促生存与促凋亡机制平衡的调节。

二、线粒体应激反应

线粒体是细胞有氧呼吸的"能量工厂"，实现这一功能所需的大多数蛋白质在细胞核中编码，在细胞质中合成，随后被转运到线粒体中。蛋白质进入线粒体需要有信号序列的存在，而一旦蛋白质到达后，信号序列就被去除。去除信号序列的缺陷会导致蛋白质的聚集，从而使它们在线粒体内不断堆积，可能会导致细胞内线粒体停止工作。此外，线粒体 DNA 突变和损伤会导致错误折叠蛋白的产生；呼吸链产生的 ROS、线粒体 ROS 的过度累积会损伤线粒体 DNA，影响蛋白合成和折叠；氨基酸缺乏下蛋白质翻译受阻；呼吸链受抑制造成线粒体膜电位异常等。上述各种线粒体状态和功能异常的情况统称为线粒体应激。为了抵消这些缺陷，与 ER 应激类似，细胞会通过一系列措施恢复和维持线粒体稳态。在应激条件下，线粒体基质积累后产生大量未折叠或错误折叠的蛋白质，导致由核 DNA 编码的线粒体热休克蛋白和蛋白酶等基因群转录活化，帮助发生错误折叠蛋白恢复正常构象的线粒体至核的信号转导过程，称为线粒体未折叠蛋白反应（mitochondrial unfolded protein response，UPRmt）[6]。

短期轻度的线粒体应激可启动线粒体未折叠蛋白反应作为细胞内防御性应答系统，能抵抗线粒体损伤并维持、促进线粒体的功能；持久重复的线粒体应激则会通过介导细胞凋亡，加重细胞的不可逆损伤。

心肌缺血后再灌注损伤是线粒体损伤参与介导的临床疾病，冠状动脉部分或完全急性阻塞后，在一定时间又重新获得再通时，缺血心肌虽然得以恢复正常灌注，但其组织损伤反而呈进行性加重的病理过程。缺血期引起的心肌线粒体等超微结构、能量代谢、心功能和电生理等一系列损伤性变化，在血管再通后表现得更为突出，甚至可发生严重的心律失常而导致猝死。

在实验动物模型中，对于缺血–再灌注等损伤的防治，可通过缺血预适应、缺血后处理、药理性预适应、药物后处理等方法实现。此类研究发现，预适应可显著保护并增强线粒体的功能。因此，在基础研究中，缺血预适应作为保护模型，而缺血–再灌注损伤是作为对照的损伤模型，两者作为筛选治疗缺血性心肌病有效药物和研究发病机制的有效模型，得到广泛应用。

随着医学的进步，通过靶向改善线粒体功能，从而达到治疗缺血性心肌病的目的，也逐渐开始从基础研究走向临床应用。

三、溶酶体损伤反应

溶酶体是动物细胞中重要的细胞器，其存在的完整性与动物生理、病理均密切相关。溶酶体是真核细胞中为单层膜所包围的细胞质结构，内部 pH 为 4～5，含丰富的水解酶，具有细胞内的消化功能。新形成的初级溶酶体经过与多种其他结构反复融合，形成具有多种形态的有膜小泡，并对包裹在其中的分子进行消化。因此，溶酶体具有溶解或消化的功能，为细胞内的消化器官。

溶酶体作为一种降解或再利用细胞内外成分的细胞器，它参与细胞膜上细胞表面分子与受体的调节以及在抵御细胞外侵害方面的作用已被广泛描述。溶酶体膜通透性（LMP）和晚期核内体完全破裂代表着严重的细胞应激状态，这在退行性疾病、微生物感染和肿瘤进展中发挥重要作用。溶酶体降解外源性物质被称为异体吞噬（即吞噬细胞外的成分），相反，自噬（即吞噬细胞自身的成分）是指在溶酶体降解细胞内成分。

细胞内成分被转运到溶酶体通路的不同是构成哺乳动物细胞内 3 种自噬差别的基础。不同的自噬有着共同的终点——溶酶体，但靶底物、调节机制以及每一种被优先激活的条件不同（详见第三章）。

溶酶体损伤后能迅速启动溶酶体损伤应答，各个过程可协同作用，这是修复受损溶酶体及改善细胞功能的有效靶点。溶酶体损伤应答（endo-lysosomal damage response，EL-DR）是为了维持溶酶体的完整性，细胞对溶酶体损伤作出的一系列特异性反应。包括溶酶体修复、溶酶体自噬和溶酶体再生，能通过溶酶体进行质量控制进而维持细胞稳态。

1. 溶酶体修复：当 LMP 升高时，细胞会启动内源性保护机制对膜损伤进行修复，防止组织蛋白酶释放至胞质中。

2. 溶酶体自噬：当溶酶体膜损伤无法逆转而发生溶酶体破裂时，会诱发细胞对溶酶体的选择性自噬，以确保受损溶酶体的有效清除，即溶酶体自噬。

3. 溶酶体再生：正常情况下，细胞内溶酶体数目是恒定的，自噬途径降解掉溶酶体后，细胞会通过诱导新的溶酶体生成来弥补溶酶体的损失，即为溶酶体再生。

第四节　干细胞的组织再生与器官修复

再生是指组织和细胞损伤后，由周围健康的细胞进行增生以实现修复的过程[7]。干细胞是一类具有多向分化潜能和自我复制能力的原始未分化细胞，是形成各组织器官的祖细胞。干细胞的生存有赖于其所在的微环境，对调控干细胞的命运具有重要的作用。干细胞是在某个局部微环境（niche）中被发现的，在这个环境中干细胞处于未分化的休眠状态[8]。基于干细胞的再生医学，为细胞和器官移植提供了替代方案，有望修复病变或老化的组织和器官[9]。人诱导多能干细胞也被用于生产异种器官和动物体内的人体器官，最终可能被用于移植[10]。

一、干细胞的来源

干细胞的来源比较丰富，常见的来源有 4 种：胚胎（主要用于基础研究）；胎盘及其附属物；骨髓；成体组织（包含外周血）。

目前用于临床干细胞来源主要有 3 种：自体外周血、自体骨髓、胎盘及其附属物。对比骨髓、外周血来源的干细胞，胎盘中的干细胞含量相当丰富，增殖和分化能力更强。

二、干细胞的分类

不同干细胞之间的分化能力是有差异的，根据干细胞所处的发育阶段分为胚胎干细胞（embryonic stem cell）和成体干细胞（somatic stem cell）。按照其分化的潜能由高到低，干细胞可以分为[17]：

1. 全能干细胞（totipotent stem cells）：全能干细胞具有无限分化潜能，可以分化形成机体内各类细胞，如胚胎干细胞。胚胎干细胞只存在于胚胎发育的胚泡期，具有发育的全能性，是组织再生替代细胞的最可靠来源。然而，其获得将破坏胚胎，因此存在伦理争议。

2. 多能干细胞（pluripotent stem cells）：多能干细胞具有多向分化潜能，可以向某些细胞类型分化，如间充质干细胞（MSC）。多能干细胞并非是直接来源于人体器官和组织，通常是通过基因编辑而来的干细胞。

3. 单能干细胞（unipotent stem cells）：单能干细胞具有向特定细胞类型分化的潜能，只能向一种或多种密切相关的细胞类型分化。比如神经干细胞和造血干细胞。

三、干细胞的生物学特性

1. 干细胞具有多向分化潜能。能够分化为各种不同类型的组织细胞，但不同干细胞的分化潜能有所不同。

2. 干细胞具有强大的增殖能力，能够增殖分化并产生大量后代。

3. 干细胞具有自我更新能力。干细胞的自我更新能力在体内表现为可增殖分化形成组织的全部细胞并维持自身的数量；体外表现为克隆性生长。

4. 干细胞具有迁移和归巢能力。

干细胞归巢是指自体或外源性干细胞在多种因素的作用下，可以定向趋向性迁移，越过血管内皮细胞至靶向组织，并定植存活的过程。若某一组织器官受损严重，其内在的干细胞不足以恢复组织正常结构，骨髓 MSC 会迁移至受损部位，在局部微环境的诱导下分化发育为相应的组织细胞类型，修复受损组织。

5. 在机体的数目位置相对恒定。

6. 可以无限分裂、增殖。多次传代扩增后仍具有干细胞特性。

7. 低免疫原性，所以不存在免疫排斥的特性，没有血型匹配问题。

8. 分裂的慢周期性。干细胞通过两种方式生长，一种是对称分裂，形成两个相同的干细胞；另一种是非对称分裂方式，非对称分裂中一个保持亲代的特征，仍作为干细胞保留下来，另外一个子细胞不可逆的走向分化的终端成为功能专一的分化细胞。

四、参与创伤修复的干细胞常见类型

在干细胞和邻近细胞之间存在多种分子机制控制着其分化和自我保护。与创伤修复相关的有 4 种细胞：MSC、造血干细胞（HSC）、脂肪干细胞（ADSC）和内皮祖细胞（EPC）。其中 MSC 主要存在于结缔组织，

HSC 大部分存在于骨髓和血液中，EPC 位于血管内皮，而 ADSC 存在于脂肪组织[9]。

（1）MSC　在中胚层内分化成非造血细胞，如成骨细胞、软骨细胞、脂肪细胞。MSC 高表达 CD105、CD73 和 CD90。MSC 是临床试验中研究最多的一类细胞。

（2）HSC　能够分化成为血液系统和免疫系统的细胞，表达 CD34 分子，可以从骨髓、外周血、脐带血中获得。HSC 是研究历史最长且最为深入的一类成体干细胞。

（3）ADSC　由脂肪组织中获得，除了表达 MSC 标志物，常常表达 $CD31^-CD34^+$ 等分子。ADSC 属于 MSC 的一种。

（4）EPC　具有血管生成的潜力，它们存在于外周循环中。

MSC 是研究得最多最为广泛的干细胞，这类来源于中胚层的干细胞，不仅仅可以分化为同胚层来源的各种细胞，形成肌组织、结缔组织，还可以跨胚层分化为其他细胞，形成神经组织、上皮组织等。

体外静脉回输 MSC，或者局部定点注射 MSC，可以通过"归巢效应"，使 MSC 到达受损部位，与内源性干细胞一起修复损伤，促进组织修复[12]。

五、干细胞的再生与修复

（一）创伤修复

内源性干细胞对创伤的反应包括从休眠状态中苏醒；从特定的干细胞巢（niche）动员；向受伤的部位迁移；分化产生特定细胞。此外，长期病理性炎性反应会导致干细胞的功能失调，使干细胞的数量减少，最终导致组织再生失败。

（二）骨折愈合

骨折会引起骨髓内 MSC 的增生，骨髓和骨膜内的驻留干细胞会迁移至损伤部位。因为在骨折处需要有一定数量的干细胞进行修复创伤，同时骨萎缩也被证实与骨折处缺乏干细胞有关。

干细胞可以对骨折所带来的机械刺激产生反应。研究表明，在拉伸、压迫和超声波等刺激下，干细胞可表现出成骨分化。此外，干细胞对牵拉、压迫、剪切、震荡等刺激也会做出反应。

（三）软骨愈合

干细胞与关节软骨损伤修复及创伤后骨关节炎有关。骨关节炎是目前骨科领域患病率最高、患者人群最广的一种疾病。目前治疗骨关节炎的关键，是防止软骨进一步磨损。由于软骨的再生能力极差，临床上一直没有较好的方法进行恢复性治疗。而关节内注射 MSC，可以局部再生半月板、软骨内的软骨细胞，从而治疗骨关节炎；或者可静脉输注 MSC，刺激患者自身软骨细胞的再生，缓解骨关节炎，恢复骨关节功能。

（四）胰岛 β 细胞再生与修复

糖尿病属于一种慢性、全身性代谢疾病。胰岛 β 细胞功能异常导致的胰岛素分泌不足，是 1 型和 2 型糖尿病的共同特征之一，许多患者需要终生使用胰岛素进行治疗。通过小鼠胰岛成体干细胞和血管内皮细胞共同培养，可以再生出具有功能性的胰岛类器官，这为治疗糖尿病提供了一种可能。这种在体外重构的胰岛，包含胰岛的所有细胞类型，在功能、形态、超微结构以及转录组方面，都与真正的小鼠胰岛非常相似，能够迅速地响应糖刺激、分泌胰岛素。

（五）心脏的再生与修复

心脏疾病之所以危害性大，是因为在心脏出现问题时，可能会引起大量心肌细胞的死亡，而死亡的心肌细胞不能被及时地补充，心脏只能进行瘢痕修复，使心脏功能受损，患者在反复发病的过程中易导致死亡。

干细胞在治疗心脏疾病方面取得了突破性进展。以色列科学家首次用 3D 打印技术打印出带有人体组织与血管的可以跳动的人工心脏；日本科学家最新的研究结果表明，利用诱导性多能干细胞（iPS 细胞）产生心外膜细胞，心外膜细胞能够在心脏损伤后重新激活并促进心脏修复，从而让心脏重新充满活力[13]。

（六）大脑的再生与修复

科学家曾经认为哺乳动物在进入成年期后，大脑内所有神经元都已经形成，不会新增。直到 20 世纪 60 年代才发现，成人大脑的某些部位，依然可能产生新的神经元。在局部注射一定量的干细胞后，可以在体内捕获带有干细胞标记的神经祖细胞，经诱导分化形成神经元，取代大脑中凋亡、衰老的神经元，改善记忆，提高思维活力，预防神经退行性疾病的发生。

（七）肝脏的再生与修复

肝脏是体内平衡的中心器官，它具有巨大的再生潜力。修复能力很大程度上归因于其分化的上皮细胞、肝细胞和胆管上皮细胞在损伤后增殖的能力。美国加州大学圣迭戈分校医学院的研究人员发现，"混合肝细胞"是肝脏具有强大再生修复功能的根本原因。而利用干细胞移植治疗肝脏损伤，是避免肝衰竭最安全的方式。静脉输注一定量的干细胞，在体内经诱导分化可以产生新的肝细胞，代替已经病变、坏死的肝细胞，改善肝脏功能，对脂肪肝、肝硬化，甚至肝癌等也有明显的预防功能[14]。

（八）卵巢的再生与修复

卵巢早衰（POF）是女性在 40 岁前出现持续性闭经或性器官萎缩等症状的主要原因，其发病机制尚不清楚。目前临床治疗以激素替代疗法为主，治疗存在一定的局限性，且过量激素容易诱发癌症。干细胞治疗可有效遏制卵巢进一步早衰，保护卵巢，重塑卵巢结构，恢复卵巢功能，有效改善患者症状，对因缺乏雌激素而引起的骨质疏松也有很好的功效。而干细胞再生修复的卵细胞，仍然可以对脑垂体分泌的相关激素进行及时、正确地反应，调节体内激素水平处于平衡状态。

（九）前列腺的再生与修复

前列腺炎是多种复杂因素引起的与炎症、免疫及神经内分泌相关的病理变化。临床表现可以是尿道刺激症状和慢性盆腔疼痛，如排尿时有烧灼感、排尿疼痛和腹股沟不适等。以前多采用常规药物暂缓病情，但不能治本、治愈，且这些药物的不良反应极大。干细胞移植进入男性体内，可以直接作用于前列腺，激活前列腺细胞，在调节炎症的基础上，再生出新的前列腺细胞，代替凋亡的细胞，实现恢复男性健康的目的。

（十）肺脏的再生与修复

部分新冠肺炎重症患者在肺炎康复后，可能会产生肺纤维化，使患者在未来的生活中受到持续的困扰。肺纤维化通俗地讲就是正常的肺泡被异常"瘢痕"所替代，肺纤维化，弹性下降，气体交换受阻。而体外回输的 MSC，可能通过其多向分化的潜能，再生出新的肺泡，修复受损的肺组织，平衡肺部微环境，有望实现治愈肺纤维化的目标。

（十一）毛发的再生与修复

皮肤是一种复杂的多层器官，由表皮、真皮和皮下组织构成，且存在附属器官（即毛囊和腺体等），对于调节体温和体液滞留，防止外界压力以及介导触摸和疼痛感至关重要。毛发是由毛囊中的干细胞分裂而来。人体的皮肤暴露在各种环境之下，每天都会脱落几十到几百根毛发。美国科学家采用多能干细胞培育出了包含毛囊等附属结构的皮肤类器官，将类器官移植到免疫缺陷的小鼠上，结果显示 55% 的类器官成功长出了毛发[15]。

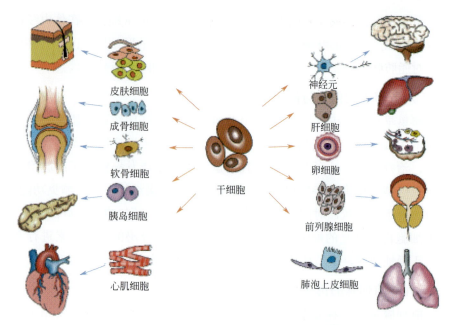

图 6-2　干细胞的组织再生与器官修复

参考文献

[1] GURTNER G C, WERNER S, BARRANDON Y, et al. Wound repair and regeneration[J]. Nature, 2008, 453 (7193): 314-321.

[2] PURNELL B A, HINES P J. Repair and Regeneration[J]. Science, 2017, 356 (6342): 1020-1021.

[3] 柴国林, 朱卫国. DNA 的损伤与修复 [J]. 中华肿瘤杂志, 2005.

[4] 查锡良. 生物化学与分子生物学 [M]. 9 版. 北京: 人民卫生出版社, 2018.

[5] CHAE Y K, ANKER J F, BAIS P, et al. Mutations in DNA repair genes are associated with increased neo-antigen load and activated T cell infiltration in lung adenocarcinoma[J]. Oncotarget, 2018, 9 (8): 7949-7960.

[6] Metformin enhances radiation response of ECa109 cells through activation of ATM and AMPK[J]. Biomedicine & pharmacotherapy =: Biomedecine & pharmacotherapie, 201.

[7] POHL C, DIKIC I. Cellular quality control by the ubiquitin-proteasome system and autophagy[J]. Science, 2019, 366 (6467): 818-822.

[8] Daniel Poveda-Huertes, Stanka M, Adinarayana M, et al. An early mtUPR: redistribution of the nuclear transcription factor Rox1 to

mitochondria protects against intramitochondrial proteotoxic aggregates. Mol Cell, 2020, 77 (1): 180-188.

[9] DADHEECH N, SHAPIRO A. human induced pluripotent stem cells in the curative treatment of diabetes and potential impediments ahead[J]. Advances in Experimental Medicine and Biology, 2018, 1144.

[10] CNOP M, TOIVONEN S, IGOILLO-ESTEVE M, et al. Endoplasmic reticulum stress and eIF2αphosphorylation: The Achilles heel of pancreaticβcells[J]. Molecular Metabolism, 2017, 6 (9): 1024-1039.

[11] LI X, LIU C, IP BC, et al. Tumor progression locus 2 ablation suppressed hepatocellular carcinoma developmen by inhibiting hepatic inflammation and steatosis in mice[J]. J Exp Clin Cancer Res, 2015, 34: 138.

[12] Oakes S A, Papa F R. The role of endoplasmic reticulum stress in human pathology[J]. Annu Rev Pathol, 2015, 10: 173-94.

[13] 丁斐, 刘伟, 顾晓松. 再生医学[M]. 2版. 北京: 人民卫生出版社, 2017.

[14] BLANPAIN C, FUCHS E. Stem cell plasticity. Plasticity of epithelial stem cells in tissue regeneration[J]. Science, 2014, 13; 344 (6189): 1242281.

[15] HANS CLEVERS, KYLE M LOH, ROEL N. Stem cell signaling. An integral program for tissue renewal and regeneration: Wnt signaling and stem cell control[J]. Science, 2014, 346 (6205): 1248012.

[16] NISHIMURA T, SUCHY F P, BHADURY J, et al. Generation of Functional Organs Using a Cell-Competitive Niche in Intra- and Inter-species Rodent Chimeras[J]. Cell Stem Cell, 2021, 28 (1): 141-149.

[17] 庞希宁, 徐国彤, 付小兵. 现代干细胞与再生医学[M]. 北京: 人民卫生出版社, 2017.

[18] BACAKOVA L, ZARUBOVA J, TRAVNICKOVA M, et al. Stem cells: their source, potency and use in regenerative therapies with focus on adipose-derived stem cells-a review[J]. Biotechnol Adv, 2018, 36 (4): 1111-1126.

[19] AN Y, LIN S, TAN X, et al. Exosomes from adipose derived stem cells and application to skin wound healing[J]. Cell Proliferation, 2021 (6).

[20] LEONG N L, KATOR J L, CLEMENS T L, et al. Tendon and Ligament Healing and Current Approaches to Tendon and Ligament

Regeneration[J]. Journal of Orthopaedic Research®, 2020, 38.

[21] Pantellic M N, Larkin L M. Stem Cells for Skeletal Muscle Tissue Engineering[J]. Tissue Engineering Part B Reviews, 2018, 24(5).

[22] LEE J, RABBANI C C, GAO H, et al. Hair-bearing human skin generated entirely from pluripotent stem cells[J]. Nature, 2020, 582 (7812): 399-404.

[23] KELAVA I, LANCASTER M. Stem Cell Models of Human Brain Development[J]. Cell Stem Cell, 2016, 18(6): 736-748.

[24] JUNGHOF J, KOGURE Y, YU T, et al. CDH18 is a fetal epicardial biomarker regulating differentiation towards vascular smooth muscle cells[J]. NPJ Regen Med, 2022, 7 (1): 14.

[25] FONT-BURGADA J, SHALAPOUR S, RAMASWAMY S, et al. Hybrid Periportal Hepatocytes Regenerate the Injured Liver without Giving Rise to Cancer[J]. Cell, 2015, 162 (4): 766-779.

[26] ELBADRAWY M K, SHALABI N M, MOHAMED M A, et al. Stem Cells and Lung Regeneration[J]. International Journal of Stem Cells, 2016, 9 (1): 31-35.

[27] YUN C, LEE S. Potential and Therapeutic Efficacy of Cell-based Therapy Using Mesenchymal Stem Cells for Acute/chronic Kidney Disease[J]. International Journal of Molecular Sciences, 2019, 20 (7).

[28] KARTHAUS W R, HOFREE M, CHOI D, et al. Regenerative potential of prostate luminal cells revealed by single-cell analysis[J]. Science, 368.

（张灵　杨青）

思考题

1. 简述DNA损伤修复类型和特点。
2. 细胞内有效维持蛋白质稳态的机制是什么？
3. 什么是内质网应激？内质网应激是如何通过未折叠蛋白反应保障内质网的稳态的？
4. 参与创伤修复的干细胞常见类型有哪些？
5. 举例说明干细胞是如何进行组织修复与再生的。
6. 为什么说细胞对DNA损伤的修复能力对细胞的生存是至关重要的？

7. 干细胞的生物学特性有哪些？

8. 内质网应激中线粒体的作用是什么？

9. 溶酶体为什么被称为是细胞的"消化车间"？

10. 何谓干细胞？干细胞的类型有哪些？何谓成体干细胞？成体干细胞有哪些特点？

第七章 健康的个人管控

第一节 健康及其管控

1946年以前,健康被定义为没有疾病或损伤的状态。这一定义告诉人们,移除致病因素或避免损伤就可以保障健康[1]。1946年,世界卫生组织(WHO)将健康定义为完好的身体、精神和社会生活状态[2]这一定义强调了精神因素和社会(环境)因素对健康的影响。2011年,又有学者将健康定义为对社会(环境)、身体和精神因素引起的身体变化的适应和管控的能力[3]。这一定义赋予了健康、维系健康以主动的内涵。

在生物进化过程中,人体获得了一整套维系健康的自稳平衡机制。这些机制在人体应对有碍健康的变化时启动以维持自稳或形成新的自稳。自稳是通过各种适应性变化实现的。健康是变化中的稳态,是一个动态的过程。

健康不是永恒的状态。在生命的进程中,每个人都会在不同的时间点开始进入疾病的轨道。完好的身体、精神和社会生活状态是健康的极值,而健康的完全丧失是死亡。从这个意义上讲,生命是维系健康的持续"斗争"。这种斗争就是健康管控。管控的目的是获得更长的健康寿命(health span),避免/延迟进入疾病的轨道或在进入疾病的轨道后复元到健康的轨道。

健康管控有医管、药管和自管3个层面。医管是指在发生疾病后,医生/医院对个体所进行的治疗。接受医管的个体可能会在医生的指导下服用一种或多种药物。在这种情况下,该个体就进入了药管的轨道。药管可能是某个体日常生活的必备内容,或伴随其一生。医管和药管通常是交织的,如门诊和住院的患者个体通常都需服药。自管(self-manage),即健康的自我管控,是个体为维系健康所采用的合适的思想和行为方式。自管是最基础的健康管控,是非就医和(或)服药的健康管控。自管到位的个体可避免或减少医管和药管,有更多的机会在进入疾病的轨道后复元或回归到健康轨道[4]。自管到位的个体有更多的可能延长健康生命。

自管是主动的心态和行为，需要在没出现疾病的时候主动执行，防患于未然。人常在出现疾病（尤其是严重疾病）时才意识到健康的自管。在一些情况下，亡羊补牢犹未晚也。在极端情况下，管控的机会已不复存在。

自管的要素是自律和持之以恒。对健康自管需要的认识，有助于产生自管的行动进而做到知行合一。

第二节　健康的袭扰

在进化的漫长旅途中，人生活在充满了健康威胁的世界。为了生存和繁衍，要不断面对食物匮乏、猎食者、感染、热/冷、低氧/氧过多、缺水、毒物、病毒、细菌、寄生虫和社会冲突的威胁。这些自然和社会的因素可袭扰人的健康，被统称为袭扰子。

袭扰子（insults）是可能对健康产生不良影响的身体、精神、代谢、物理、化学和微生物的存在和变化[1]。

袭扰子对人产生袭扰（perturbation），引起人体反应。如致病微生物（袭扰子）可感染（袭扰）人引发炎症反应、体液和细胞免疫应答。反应的结果可以是微生物的清除和抑制，也可以是感染得不到控制和疾病的发生。再如，外伤（袭扰子）可破坏（袭扰）人体的组织引发炎症反应和损伤修复。反应的结果可以是完美如初的组织修复，也可以是瘢痕形成。

袭扰子也可以是人体内部的不利于健康的精神、躯体的变化。如衰老是人生必经的一个生理或病理生理过程，衰老的基本特征是各种生理功能的进行性下降，这种下降是引发各种衰老相关性疾病的袭扰子。对人的精神健康产生袭扰的袭扰子也可被界定为应激子（stressor）。

在 WHO 定义健康（1946 年）以前，各种微生物感染引起的感染性疾病是人类的主流疾病，是危害人类健康、引起死亡的主要原因。然而，随着社会的进步和伴随的生活、医疗卫生条件的改变，各种慢性疾病，如糖尿病、心血管疾病和各种衰老相关性疾病（包括肿瘤）等取代感染性疾病而成为威胁人类健康的主要疾病。

袭扰子的长期袭扰是多种疾病的起因。受袭扰的个体会发生各种适应性自稳反应来抵抗、纠正袭扰子造成的伤害和紊乱，因而使人能维持在健康/基本健康的轨道。袭扰子的长期袭扰可破坏自稳平衡（homeostatic equilibria）而使人体进入疾病的轨道。

第三节　健康与熵增

1944年，薛定谔（Schrödinger，量子物理学家）在《什么是生命》（*What is Life?*）一书中，将熵增定律（热力学第二定律）引入了对生命的解释。

在物理学中，熵增定律被表述为：没有外力做功，一个孤立系统的总混乱度/无序度会持续增加。熵（entropy）是混乱/无序的量度。如果没有外力做功，系统的熵就会增加，这种变化称为熵增。系统总是向着熵增的方向发展。熵增到熵的最大值（混乱/无序的极值）时，系统就会毁灭。降低系统的混乱/无序度被称为减熵，不断减熵则可延缓系统的毁灭，如火山喷发是地球在减熵。

人体是一个开放的热力学系统，其最基本的活动是与环境交换能量和（或）物质。为了维持生命，人必须持续摄入营养物质并通过代谢产生热量（能量）。代谢是各系统、器官、组织和细胞协调工作的基础，在工作的过程中，会产生各种废物，若不能及时合理地将这些废物排到体外或被重新利用（如自噬），就会引起各种混乱/无序，"熵"就增加了。呼吸、排尿、排便、出汗都是在减熵。人通过出汗和皮肤将代谢过程生的多余热量传递到环境中，以维持相对稳定的热状态也是在减熵。此外，系统、器官、组织和细胞只要工作，熵（无序/混乱）就会增加。人在进化中获得的自稳控制系统每时每刻都在减熵。若不减熵，熵的持续增加会促发疾病。维系健康必需减熵[5]。

将人体比作一个办公室有助于理解减熵的必要性[5]。一个办公室的有序状态是所有的纸张、夹子、书和笔等都摆放在合适的位置，如在架子、桌子上和柜子里。一旦有人且不是一个人开始在办公室里工作，这些纸张、夹子、书和笔等就会离开原来的位置，"熵"开始增加。如不及时整理（减熵），在一天的工作结束时，办公室可能已经很混乱。办公室局部的混乱构成了其整体的混乱。整体的混乱（宏观状态）是办公室的每个工作人员持续改变办公室的"微观状态"（如钢笔的位置）的集合。单一的微观状态（如在某一黄昏某一个物件在办公室中的特定分布）没有熵，熵是一个宏观的概念，它计量所有可能的微观状态（如办公室所有物件的可能分布）。要维系办公室的"健康"运作，就要对办公室进行不断地整理（管控），这种管控是在减"熵"。一个多人工作的办公室只要运行，"熵"就会增加。一个有序工作的办公室需要不断地减"熵"。

第四节　健康的复元

元（vigor）[1,6]是完好的身体精神状态，为健康的极值，即100%的健康状态[1,6]。不断受到袭扰子的袭扰是人生的常态。长期的慢性袭扰或高强度的急性袭扰可使人的生理功能发生异常（失衡）继而进入疾病的轨道。这种情况下，需要复元（resilience）[6]。复元是对袭扰子造成健康功能异常（失衡）发动的维持自稳或重获自稳的生理反应能力，也指在生病后回归到健康状态的能力。复元能力强，则发病率低，发病后痊愈的可能性大。

健康不是一个"恒久"的状态，其丧失是时间的函数。生命是不断对内部和外部袭扰做出适应性反应的过程。生命力是复元能力。复元是复杂的生理功能，涉及人各种生理功能的动态变化，需各种健康要素整合工作[7]。在各种袭扰子的选择压力下，人进化出了自稳、抵抗和耐受的复元能力。

自稳（homeostasis）是维持各种生理变量（physiological variables）在正常波动范围的调控[1,6]。健康个体的多种生理变量在一定范围内动态波动，这是因为人为了生存、繁衍，进化出了一整套精细的自稳调控机制，该调控发生在分子、细胞、组织、器官、系统和整体的各个层级。调控的结果是各变量围绕调定点（set point）波动在正常的范围。这保障了生长发育、主/微营养物质（包括维生素）的摄取和代谢、能量平衡、酸碱平衡、体温调节、渗透压调节、O_2生成、废物排泄、解毒、组织修复等基本的生理功能得以有条不紊地执行。袭扰子的袭扰可使某一或某些生理变量波动偏离正常范围，这种偏离若得不到及时的动态纠正，人就会发生健康脱轨。自稳调控制功能下降是衰老相关性疾病发生的常见原因。

一些检测指标（心电图、血糖、血压、低密度脂蛋白、尿酸等）的变化可反映自稳调控的效能。某些生理变量（physiological variables）的动态检测可以揭示其动态波动的变化和范围，这更有助于判断健康脱轨或脱轨后的复元状态，检测的结果可为健康的自我管控发出预警。

抵抗（resistance）是指通过排除袭扰子来维系健康的机制[1,6]。抵抗为了复元，免疫系统处理致病微生物是典型的抵抗。固有免疫的屏障结构，如皮肤、黏膜和小肠上皮阻止致病微生物的袭入。胃酸杀伤病原微生物；抗体介导致病微生物的清除；杀伤性 T 淋巴细胞可杀死病毒感染细胞；毒力中和也是一种抵抗，是指中和病原体来源或病原体诱导宿主细胞产生的致病因子。

耐受（tolerance）分为疾病耐受（disease tolerance）和自稳耐受（homeostatic tolerance）[1,6]。

疾病耐受是承受（不用或暂时不用抵抗病原体）病原体的存在，但限制过度的自身反应而维系健康的方式[1,6]。在有些情况下，病原体的存在不是引起死亡的原因而死亡的原因是病原体感染促发的过度自身反应。在进化过程中，人也获得了通过抑制或减弱伤害性自身反应或改变对伤害因子易感性的健康复元机制，这种机制就是疾病耐受。疾病耐受是一种以屈求伸的方式或策略，其要义是先生存下来，获得复元的机会。疾病耐受的结果可能是病原体的后期清除，也可能是同病原体长期共存。与人共存的典型病原体是定植在神经节的疱疹病毒。疾病耐受可促进病原体的进化，导致无毒株或益生株的出现。

自稳耐受是个体在自稳调控机制失灵时对新的身体内部状态发生的适应性反应，其结果是该个体进入亚健康（apparent vigor）状态[1,6]。与自主、组成性运行的自稳调控机制不同，自稳耐受是可诱导的亚自稳（apparent homeostasis）调控机制。这种机制在袭扰子存在的情况下运行。自稳耐受运行在每一个层级，受神经内分泌调节，由自稳调控机制行使。生理代偿（physiological compensation）是自稳耐受的主要形式。生理代偿是退而求其次的策略和方式，如高血压患者为维持心排血量而发生的心肌肥大；一个器官功能失常时发生的其他器官的代偿生长或功能增强；摘除一侧肾脏后另一侧肾脏"勤奋"工作。自稳耐受维持的健康是亚健康，自稳耐受可能使个体在相当长的时间维持在亚健康的轨道。自稳耐受失败意味疾病的发生。合适及时的健康个人管控有可能使亚自稳向自稳变化。

第五节　健康的个人管控

健康的个人管控要求持之以恒地践行躲避危险、防止肥胖、尊重节律、锻炼身体和舒缓应激。

一、躲避危险

躲避危险是人和动物的本能行为。在进化过程中，为了生存和繁衍，人学会了躲避（avoidance）。在猎食社会，人在遇到猎食者时，必须立即做出判断：打得过，就可能打；若打不过，跑就是最佳的选择，不跑，就可能成为猎食者的美餐，跑，就是躲避危险。在严酷的生存斗争中，人和其他动物一样学会了躲避危险。

躲避是学习后产生的适应行为。躲避的行为源于对危险的认知。有观察发现，有的雌鸟可通过羽毛的色泽来判断雄鸟是否处于被致病微生物感染的状态，以此决定是成为其配偶还是离他而去（躲避）[1]。这种行为的产生是雌鸟直接学习（接触过感染的雄鸟）或间接学习（受教于其他亲历者）的结果。嗅觉、视觉、味觉、听觉的感受都可能激发躲避行为（avoidance behaviors），比如，感觉厌恶就可能躲避。

躲避危险是人类进化出的高度保守的行为取向。躲避危险是健康个人管控最简单的、同时也是最容易忽略的主动健康维系行为。人体需要躲避的危险很多，一些重要的危险因素如下：

（一）躲避吸烟

躲避吸烟就是自己不主动吸烟（active smoking），远离被动吸烟（passive smoking）。被动吸烟即二手烟暴露（second hand smoke exposure, SHSE）的危害不亚于一手烟。

在世界范围内，每年约有四百万人死于吸烟相关疾病。死者数量在发达国家和发展中国家各占一半[7]。吸烟可产生约 4000 种化合物，其中 60 多种是致癌物（carcinogens），这些致癌物因吸烟被吸入或散布在周围的空气中成为别人的二手烟。每吸不多，积而为患。

1950 年前后的一项研究揭示了吸烟是肺癌发生的高危行为[8]。600 位肺癌患者和 600 位对照者参加了研究，研究结论是：①吸烟可显著升高肺癌患者的死亡率；②吸烟量和死亡率呈正相关；③戒烟时间长度和死亡率下降呈正相关；④居住地不改变吸烟者的死亡率。这一里程碑研究开启了吸烟危害性的科学研究。

吸烟也和其他肿瘤的发生相关。吸烟是心血管疾病（cardiovascular disease）（包括慢性高血压和心脏病）和脑血管疾病（如脑梗死）发生的高危因素[7]。

（二）躲避感染

人是智慧动物，在生活或学习中认识到了致病微生物感染的危害，应该规范自身行为躲避"惹不起"的微生物感染。许多致病微生物是惹不起的，必需躲避。

幽门螺杆菌（*Helicobacter pylori*，Hp）是需要躲避的。超过60%的胃癌的发生和Hp感染有关。WHO把HP列为一级致癌物[9]。在发展中国家，70%～90%的10岁前儿童携带HP。在发达国家，该比例是25%～50%[10]。不分餐地聚集就餐是感染Hp的常见途径。

人免疫缺陷病毒（human immunodeficiency virus, HIV）是需要躲避的。在20世纪，HIV从灵长动物传入人类。HIV是获得性免疫缺陷综合征（acquired immune deficiency syndrome，AIDS）的病原体。HIV-1也是间接的致癌物，通过抑制免疫系统而导致多种癌症的发生。在世界范围内，HIV感染者已超过7500万人，约有3700万人携带HIV生存[11]。这些人是HIV的主要传染源。接触HIV感染者的血液和其他体液、黏膜和破损的皮肤是感染HIV的主要途径。经黏膜感染的HIV在几天内就能播散到淋巴器官。在感染后第10天，在血中可检测出HIV。在感染后第30天，血中HIV可达峰值，这时可检测到HIV抗体，此时感染者的传染性最强[11]。与感染者发生性行为和与感染者共用注射器是感染HIV的常见途径[11]。

除Hp和HIV外，许多病原体也是需要躲避的，因为它们致癌。下述病毒被列为1级人类致癌物，包括EB病毒（Epstein-Barr virus，EBV）、乙型肝炎病毒（hepatitis B virus, HBV）、丙型肝炎病毒（hepatitis C virus, HCV）、卡波肉瘤疱疹病毒（Kaposi sarcoma herpes virus，KSHV）、人T细胞嗜淋巴病毒（human T cell lymphotrophic virus, type-1，HTLV-1）和人乳头瘤病毒（human papillomavirus，HPV）。EBV感染可引起鼻咽癌；HPV感染可引起子宫颈癌；HBV/HCV感染可引起肝细胞癌[12]。

（三）躲避环境污染物

一个场景：某地早市，一些人围坐在小木桌边吃早餐，碗里是热汤面、馄饨、豆浆或豆腐脑。为了"干净"，业主用一个塑料袋将食物与碗壁隔开，热气腾腾，其乐融融。就餐者可能不会意识到，这种"热操作"可能会促进塑料袋向碗里食物释放微塑料或其他有害的化合物。

微塑料（microplastics）是直径＜5 mm的塑料颗粒，也包括直径＜1 μm的纳米塑料。对塑料制品的"热破碎"可产生大量的微塑料。微塑料可污染空气、食物和水，而被吸入或摄入的微塑料可引起DNA损伤、细胞损伤和慢性炎症。微塑料污染已成为世界性问题[13]。

污染环境的不止是微塑料。疾病负担研究表明，在世界范围内，在可避免死亡（preventable deaths）人群中，每年有900万～1260万人死于环境污染相关因素。不可回避的是，人类生活环境已被严重污染。人可能终生暴露于污染的空气、水、土壤、食物、职业相关接触物和家具等环境中。自 1950 年以来，出现了约 14 万种新的化合物和杀虫剂，在多数情况下，它们对健康威胁还不为人所知。相比于在乡村居住的人，久居城市的人更多地暴露于噪声和光污染[14]。

环境污染使人类暴露于致病环境因子（环境袭扰子）。环境袭扰子可能引起 8 个方面的变化。

（一）氧化应激和炎症

环境袭扰子可激发氧化应激（oxidative stress）进而引起炎症（inflammation）反应。如果不能躲避，长期不断激发的氧化应激会使人处于持续慢性炎症状态。这种状态和癌症、动脉粥样硬化以及与之相关的心血管疾病、阻塞性呼吸系统疾病、神经退行性变性疾病和衰老相关性疾病密切相关。慢性炎症状态是免疫衰老的一个特征[14]。

（二）基因组的变化和突变

环境袭扰子的长期暴露可引起人基因组变化和突变（genomic alterations and mutations），体细胞突变随增龄而频发，环境袭扰子会加重这种变化。肿瘤是由遗传物质变化发生的疾病，从这个意义上说，环境袭扰子是促癌因子[14]。

（三）表观遗传学的改变

镉的急性暴露抑制 DNA 甲基化转移酶，因而降低人 DNA 的甲基化程度。这种表观遗传学改变（epigenetic alterations）能影响细胞功能编程，引起细胞功能紊乱。一些环境袭扰子可诱导长效表观遗传修饰（long-lasting epigenetic modifications），这种修饰可被传到下一代，且可在相应环境袭扰子不存在的情况下发挥影响。含高浓度 PM2.5 的空气可通过影响 DNA 甲基化钟（DNA methylation clocks）使人出现 DNA 甲基化早衰（older DNA methylation age）。DNA 甲基化钟是人基因组 DNA 甲基化水平随增龄而变化的编年史。比 DNA 甲基化钟大的概念是表观遗传钟（epigenetic clocks）。环境袭扰子可通过影响表观遗传钟（涉及 DNA 甲基化和组蛋白修饰）引起衰老相关性表观遗传改变（aging-related epigenetic changes）[14]。

（四）线粒体的功能失常

污染的空气可引起线粒体功能失常（mitochondrial dysfunction），表现为 ROS 水平升高。持续高水平的 ROS 可引起端粒缩短，端粒缩短引起衰老，这正是线粒体端粒衰老假说（telomere-mitochondrial aging hypothesis）表述的内容。环境袭扰子可破坏线粒体，导致线粒体 DNA （mitochondrial DNA, mtDNA）释放。mtDNA 是 Toll 样受体 9（TLR9）的激动剂，持续高水平的 mtDNA 会不断激活固有免疫反应，因而使机体处于慢性炎症状态。这种状态是发生多种慢性疾病（包括衰老相关疾病）的内环境[14]。

（五）内分泌紊乱

内分泌干扰化合物（endocrine disrupting chemicals，EDCs）是一大类环境袭扰子，能引起所有内分泌功能的紊乱。目前确定的 EDCs 约有 1500 种，这一数目还在增长，每年都会在新进入市场的数千种化合物中发现新的 EDCs。有的 EDCs 可干扰葡萄糖耐受，促发 2 型糖尿病，有的也可使甲状腺功能失常[14]。

（六）细胞内通讯的改变

环境袭扰子可改变细胞内通讯（intercellular communication），细胞间信息交流不畅引起生物衰老（biological aging）[14]。

（七）微生物群落的改变

环境袭扰子可改变微生物群落（microbiome communities），包括肥胖、心血管疾病、癌症和神经退行性变疾病在内的衰老相关疾病的发生和肠道菌群的改变[14]。

（八）神经系统的功能损伤

神经毒性化合物可引起神经退行性变[14]。噪音和光可通过感觉器官直接激活神经系统，引起听力丧失、高血压和心血管疾病。< 100 nm 的污染物颗粒能从肺进入血循环后入脑[14]。噪声和人工光线可调变、损害自主神经系统。

数字化时代的到来使人更多地暴露于光污染（light pollution）。手机过度使用正在成为不可忽略的健康问题。光袭扰子与心血管疾病、代谢疾病、癌症和神经系统疾病的发生相关。光敏视网膜神经节细胞控制着光生物节律，如光昼夜节律，它们对蓝波段（400～500 nm）光谱敏感。发光二极管（light emitting diodes，LEDs）产生的蓝光可干扰皮质激素和褪黑素的调节[15]。

环境袭扰子的暴露强度和频度是环境袭扰子引发疾病的重要参数。高强度和持续低强度暴露会使人发生自稳失衡。若不及时躲避、纠正，健康就可能脱轨[14]。

二、防止肥胖

在漫长的狩猎时代，人为猎食每天奔跑劳碌，经常食不果腹。从狩猎时代到农业时代，再到工业革命时代和后工业革命时代，人类仅经历了1万多年的时间。这相比狩猎时代，就短到可以忽略不计了。在现代世界，人更多地采用了久坐和随性摄食的生活方式，这种生活方式导致人进化出的基因以及由基因决定的生理功能和新生活方式的错配，错配的一个结果是肥胖的发生。

肥胖（obesity）是需要预防的。肥胖的人易伴发代谢综合征（metabolic syndrome）[1]。肥胖是早衰的危险因子，它可导致端粒持续缩短，血管老化（vascular aging）。内脏脂肪过多易使人处于慢性低水平炎症状态，出现免疫衰老。

多种动物实验表明，间歇性禁食可以改善健康的指标，如血压、心率、葡萄糖代谢、肌肉张力、神经活动和小肠动能等。限制热量摄入可延长果蝇的生命[16]。在果蝇体内，敲除自噬相关蛋白基因可以抵消限制热量延长生命的作用，通过提升夜间自噬水平的基因操作，在持续进食的条件下也能延长其寿命[16]。自噬受昼夜节律的调节，在夜间达高峰，而夜间进食则会抑制自噬。因此，这项研究质疑吃夜宵是否是一种健康的生活习惯。

防止肥胖最有效的方法是控制饮食，适量、适时饮食。适量，是指要限制过多的热量摄入，不是指限制营养物的摄入；适时，是指要参考生物钟。

在人体内，适度饮食可控制腹部脂肪积聚。腹部脂肪的堆积是健康隐患，过度的腹部脂肪堆积可使自体处于慢性炎症状态，慢性炎症状态是多种疾病发生的"温床"。

三、尊重节律

地球自转形成昼夜。在进化过程中，人日出而作，日落而息，其生理功能变化的节奏也形成了相应昼夜节律（circadian rhythms）。昼夜节律由昼夜节律钟（circadian clocks）（中枢钟和周围钟）控制。昼夜节律的物质基础在人的基因组里。昼夜节律调节着睡眠-清醒周期、体温、摄食、激素分泌、酶的生成、葡萄糖自稳和细胞周期等生理过程[17]。在没有内部和（或）外部袭扰的情况下，参与一天24h变化的内部昼夜钟动态地对各项生理变量进行调节。生物节律（biological rhythms）与昼夜节律协调运行是维系健康的要素[18]。

如今，人的昼夜节律受到了越来越多的袭扰，这类袭扰可扰乱人的生理功能，若持续存在，人会发生健康脱轨。

熬夜尤其长期不规律地熬夜，是一种不尊重节律的生活习惯／方式。

睡眠是写在人类基因里的一种必不可少的生存行为，人不能没有睡眠。保证充足、有规律的睡眠应成为个人健康管控的自律行为。

有睡眠障碍的人可能产生更多的胃饥饿素（ghrelin）。胃饥饿素可以提高食欲，是一种促肥胖因子。高质量睡眠的个体的下丘脑-垂体-肾上腺（hypothalamic-pituitary-adrenal，HPA）轴和交感神经系统（sympathetic nervous system，SNS）张驰有度，在需要时调动大量的皮质醇和肾上腺素分泌，在松弛状态维持它们的基础水平，低质量睡眠扰乱 HPA 轴和 SNS 的这种松弛状态，使皮质醇和肾上腺素一直处于异常的高水平，结果造成促炎症基因的持续活跃，使人处于持续的慢性炎症状态[19]，这种状态可引发心血管疾病、2 型糖尿病和多种衰老相关疾病。

HPA 轴的活动具有昼夜节律[18]。HPA 轴输出内源性皮质醇（cortisol），在基础条件下，皮质醇的释放在苏醒前有高水平的脉冲，然后稳定下降，睡眠时到最低点。在经常破坏睡眠节律的个体，皮质醇的分泌可因失去节律一直维持在较高的水平。皮质醇可以升高血压，故失眠症患者多患有高血压[18]。

在近地轨道空间站生活工作的宇航员在 24 h 内需经历 16 个日落日出，其昼夜节律也受到严重的袭扰。

四、锻炼身体

人类是一种动物，动物有别于植物的一个基本特点是运动。大约从 250 万年前开始，原始的人类处于猎食时代，这种状态一直持续到约 1 万年前。在这漫长的时段，人类为了生存而运动。捕猎动物要围打，采摘野果要爬树，躲避猎食者要逃跑。大约 1 万年前，人类进入了农业时代。为了生存，人类日落而息日出而动。犁地、播种、锄草、浇水、驱虫、收割、打场、脱壳……，几乎整日都处于运动之中。人类在运动中接受外界选择的压力，具有合适运动基因的人胜出，相应的基因也写进了能够让人类生存繁衍的基因谱中。

现在，人的运动明显减少。久坐的生活方式（sedentary lifestyle）过多地取代了运动，这种生活方式与人进化出来的基因构成严重错配，错配影响健康维系。纠正这种错配的生活方式是体育锻炼（简称锻炼），特别是终生锻炼（lifelong exercise）。

从健康要素考虑，锻炼对健康维系可有如下的益处[17]：

①改善睡眠，同步昼夜节律；②顺畅细胞管路；③维持骨骼肌的质量；④延缓骨质丢失；⑤减少脂肪堆积；⑥促进免疫细胞游走；⑦协调内分泌；⑧改善心血管功能；⑨抑制慢性炎症；⑩保留毛细血管；⑪防

止血栓形成；⑫延缓免疫细胞衰老；⑬对抗系统性氧化应激；⑭维持氧化酶活性；⑮延缓衰老；⑯延长健康生命。

适当合理、经常化的锻炼不仅是维系健康的生活方式，也是健康复元的重要手段。

五、纾缓应激

人最基本的成功是处于健康状态，健康的人能生存繁衍。为了生存和繁衍，人有3个基本的动机：①躲避侵害、创伤和损失；②寻求赖以生存和繁衍的资源；③在成功躲避和资源满意时，追求更高层次的存在（物质的和精神的）。在动机的驱动下，人忙碌于各种活动，如获取食物和居所、学习、工作、结交朋友、生儿育女、在某一社会的环境中与他人竞争等。有动机和行动，就会有喜怒哀乐、冲动和情感等情绪[20]。情绪因需求和动机产生，从而影响和改变人的行为。同时，情绪和行为也随活动的进行及结果而变化，这是对需求的适应性变化。身体对需求的任何适应性变化就是应激反应，通常被称为应激（stress）。因为这种适应性变化首先发生在精神层面，应激被认定是心理反应，即心理应激（psychological stress）。心理应激分为正性应激（positive stress）和负性应激（negative stress）。正性应激是有助于精神和躯体健康的适应性变化。负性应激是有损于精神和躯体健康的适应性变化。通常情况下，大众所言的应激是负性应激。应激是人经常出现的反应，虽然侧重在精神层面，但对躯体健康有不可忽略的影响。

（一）应激子

应激由应激子（stressors）引起。应激子是引起精神紧张和压力的刺激。应激子可以是物质的，也可以是精神的。能激起负面情绪和感觉的应激子可被界定为精神袭扰子。精神袭扰子可引起恐惧、背叛、迷惑和无助等心理应激（psychological stress）表现。心理学应激通常被认为是不利于健康的生物学反应，系不良认知。不良认知会扭曲对应激子的评价和解释，通常是使厌恶的信息优先于中性的或积极的信息，因而干扰情绪的整体性[21]，增加精神功能失常的风险。

（二）应激的生理学基础

人类的应激反应是一种本能反应。在狩猎时代，当处于生命威胁时，这种机制的建立、获得使人有更多的生存机会。急性应激反应是随时间而变化的动态过程。应激子激活HPA轴，导致肾上腺皮质激素［也称皮质醇（cortisol）］快速合成、释放。在应激发作后，血循环中的皮质醇迅速出现，15 min后达到峰值，引起一系列反应，这些反应包括大量基因的转录，能量消耗的增加和各种身体资源和功能的迅速调动[18]。皮质醇的释放为脉冲式，在急性应激发生时，迅速脉冲式释放的皮质醇随血液循环扩散到全身各组织器官，使人发生一系列身体和情绪的变化，如心跳加速、呼吸变快、血糖升高、血压升高、骨骼肌紧张、立毛肌收缩（怒发冲冠的机制）、愤怒和恐惧等。应激反应是系统性的全身反应，它动员了神经、内分泌网络来全面调动身体的反应能力[18]。在狩猎时代，面对猎食者，人的这种反应的综合表现就是战斗或者逃跑。这种反应机制是人类在进化过程中获得的，对人类的生存繁衍（健康标准）至关重要，猎食、逃跑、搏斗都需要这种反应，没有这种反应的人易被淘汰，不能及时做出最合适的反应的个体更可能被猎食者捕杀，其基因的传递也就此终结。应激是人和其他动物进化出来的一种救命机制[18]。

根据时间的长短，应激分急性应激和慢性应激。急性应激发生时，皮质醇快速脉冲式释放，这种释放由脑垂体前叶分泌的促肾上腺皮质激素（adrenocorticotropic hormone，ACTH）调控。ACTH 刺激肾上腺皮质细胞分泌皮质类醇，ACTH 水平回落，皮质醇的分泌也会随之减少，直至回到正常的波动范围。在心理学范畴，应激主要涉及精神紧张和精神压力。长时间精神紧张和精神压力会使人经历慢性应激（chronic stress），慢性应激可能成为负性应激。在慢性应激中，HPA 轴调解会失灵，表现为 ACTH 和皮质醇的水平分离，当 ACTH 水平几乎回到基线时，皮质醇水平居高不下，出现高皮质醇血症（hypercortisolaemia）。长时间暴露于高水平的皮质醇会使人偏离健康的轨道，发生多种心理和躯体疾病。

除了 HPA 轴，交感神经系统（sympathetic nervous system，SNS）和迷走神经也调节应激反应[19]。SNS 被激活后，血循环和外周组织中的肾上腺素/去甲肾上腺素水平升高，这些外周组织包括中枢和外周淋巴器官、多数内脏器官和骨骼肌等。肾上腺素/去甲肾上腺素可通过肾上腺素能受体调节多种细胞的基因转录[19]，引起相应的适应性变化。除了调节心率、摄食、代谢、胃肠活动和其他内脏功能外，迷走神经也参与炎症反应的调节。迷走神经的输出支起源于延髓的疑核、孤束核、迷走神经背核和三叉神经脊束核。迷走神经支配的器官包括心脏、肝脏、胃肠道、小肠和脾脏。迷走神经的输入支感受外周变化后将相应的信号转递到神经节的神经元，这些神经元投射到孤束核和延髓，然后投射到脑干、下丘脑和前脑。在这些地方，来自内脏感觉信息被分析整合后输出，进而协调自主反应和行为反应[19]。

（三）应激和疾病

强应激子急性袭扰或弱应激子的长期慢性袭扰可引起多方面的病理

生理变化，主要包括以下几点。

1. 高皮质醇血症

持续高水平皮质醇刺激脂肪细胞前体的成熟，导致脂肪堆积。脂肪是最大的免疫器官，有大量巨噬细胞。在堆积的脂肪里，这些巨噬细胞处于激活状态，分泌大量的炎性细胞因子，如 IL-6 和 TNF-α。TNF-α 抑制细胞胰岛素信号通路，IL-6 影响葡萄糖代谢和脂类代谢。这种情况如果得不到逆转，人体会长期处于低水平的慢性炎症状态，易发生高血糖、高血脂、糖尿病和心血管疾病[18-19]。

抑郁症患者多有高皮质醇血症，表现为皮质醇分泌的频次增加和单脉冲皮质醇分泌增多。高皮质醇血症可引起高血压和行为性慢性睡眠剥夺（behaviourally chronic sleep deprivation）。此外，高水平皮质醇不断刺激大脑中脑边缘奖励通路（mesolimbic reward pathways）可增强食欲，从而导致肥胖[18]。高水平皮质醇抑制 I 型干扰素基因的转录，而 I 型干扰素是最重要的抗病毒细胞因子，抑制它的产生可削弱人的抗病毒感染的能力[18-19]。高水平皮质醇抑制人体的免疫监视功能，该功能弱化的个体易发生恶性肿瘤[22]。

2. 神经炎症敏化

慢性应激个体可发生 SNS 纤维在淋巴结中树状分叉增多，这种增多扩展了神经免疫调节管线（neural-immune regulatory pipeline），使个体处于神经炎症敏化（neuro-inflammatory sensitization）状态。这是一种器质性的变化，使个体易发生炎症反应，因而处于慢性炎症状态[19]。

3. 微生物感染

慢性应激可扰乱迷走神经的调节功能，阻碍消化，形成适合幽门螺杆菌长期定植的微环境[15]。焦虑症和抑郁症患者可出现肠黏膜通透性增加的变化，结果使多种细菌突破肠上皮屏障[19]。

4. 边缘系统萎缩

边缘系统参与情绪调节。慢性应激可引起边缘系统萎缩，使人出现情感精神疾病（affective disorders）。

5. 应激相关性精神疾病

慢性应激可引起多种精神和躯体疾病，这些疾病可被称为应激相关性精神疾病（stress-related mental disorders），包括抑郁、焦虑、创伤后压力心理障碍症、冠心病和缺血性卒中[21]。焦虑是滥用毒品的危险因素。

（四）精神复元

应激是人生的常态。随着世界的发展、社会的变化、社交媒体的泛滥和人之间交流的变化，人进化出来应激反应机制会出现更多的精神层面的适应不良（maladaptation）[18]。适应不良可产生心理应激。心理应激影响健康，出现对应激子的适应不良反应时，需要精神复元（mental resilience）[19]。

精神复元是主动积极摆脱应激副作用适应能力，这种能力可使人在经历变化、磨难、不幸袭扰时不发生或少发生心理应激。复元能力强的人能最大程度地减少情绪和行为的风险。精神复元是接近正向刺激，躲避负性刺激的认知和行为[7]。精神健康促进身体健康，身体健康反哺精神健康。精神复元是"善待"自己的精神层面的重塑（re-pattern）、"充电"（rewire）和重编程（reprogram）[20]。

（五）应激的自我管控

应激尤其是慢性应激可引发疾病，维系健康需要充分的自主调节能力和自我调节能力。自主调节管理的是下意识的生理功能，也是人的行为体现（健康相关行为）。自我调节影响自主调节的模式，行动受意念驱动。意念是一种决策，依赖于对内心感受的领会。对同一精神袭扰子，不同的人可以有不同或程度不同的领会，因而产生不同的决策。不同的决策驱动出不同的行为，有的利于健康，有的损害健康。有意识的、合适的精神层面的自我调节影响下意识的自主调节。适度认知、积极求助和走出孤独是应激自我管控的几个要点[7]。

1. 适度认知

可引起人心理学变化的应激子也被称为心理应激子，它们可能是"可恶"事件（如威胁和挑战）或信息，可以是直接的或间接的，目睹的或听说的，身边的或远处的，现在的或过去的。虽然可能不同，但它们都有一个共性，即可袭扰人的心理[21]。对同样的心理应激子，不同的人可有性质或程度不同的应激反应，反应的不同是由认知的不同来决定的。

情绪高涨的人，易低估应激子的危害，这种低估可能增加行为的风险，因为低估的认知会使人未及时远离或尽力排除本来可以避免的伤害[21]。情绪低落的人，易高估应激子的消极结果，这种高估会夸大危险，把弱应激子认知为强应激子，这种认知会导致不应有的悲观和（或）消极[21]。长期的悲观消极可能把人卷入"不安全"的精神旋涡，久而久之，心理疾病（psychiatric disorders）会接踵而至[19]。

强应激子可引起情绪错乱，使人进入注意隧道（attentional tunneling）。注意隧道最早被用来描述在飞机降落时出现事故的飞机驾驶员。在飞机降落过程中，若驾驶员将所有的注意力都集中在明显的标示物上，全然忽略了飞机下降时离地面的高度，结果机毁人亡。注意隧道是动物和人常出现的精神状态。如捕食的动物在猎杀动物时就处于注意隧道状态而全然忽略了自己也可能处于被捕杀的危险。螳螂捕蝉，黄雀在后勾画了一个注意隧道的场景，聚精会神捕蝉的螳螂，全然忘记可能被黄雀叼住。

注意隧道状态会出现在每个人的生活中。长期行进在不良情绪注意隧道中的人已经出现了心理障碍，易发生精神疾病并因此引发躯体疾病。长期行进在抑郁注意隧道中的人，易被孤独、沮丧、绝望、消极、悲伤和淡漠等情绪笼罩，可表现厌食、羸弱、生理功能如心肺功能下降、未老先衰和自虐等。在焦虑注意隧道中行进的人易生气，如生闲气、怨气、闷气、赌气和怒气。气多伤神，气大伤身，生气使心情差的同时伴发明显的身体反应，如面色苍白、嘴唇发紫、手脚冰凉，重者因血压瞬间上升出现脑溢血，或因冠状血管猛烈收缩引起心肌梗死。争吵是生气的一种表现形式，有研究表明，经常争吵可增高死亡率，发生在夫妻、亲子、邻居、同事间的经常争吵都是健康的敌人。除此之外，还有各种各样的注意隧道，如猜忌隧道、恐惧隧道和敌意隧道等。

不良认知产生不良适应性行为，使人暴露于精神疾病的危险之中[21]。

2. 积极求助

面对应激的困扰，会有想不开的时候，长时间想不开会滋生不良情绪，在不良情绪中长期流连会产生心理学应激，若不加以管控会发生精神疾病和（或）躯体疾病。在这时，应该求助（seeking support）。求助是摆脱不良心理适应反应的主动行为。求助的对象可以是亲友、同学、同事、师长或心理医生。求助有利于摆脱不良心理适应反应。听君一席话，胜读十年书；当局者迷，旁观者清。也可以向书求助，良书即益友，今明永如斯。

3. 走出孤独

在衰老的过程中，脑细胞可发生进行性 β-淀粉样蛋白的聚集及清除障碍，这可引起神经元的死亡和神经转导功能下降，成为阿尔茨海默病的病因。观察表明，积极投入社会活动的个体发生上述变化的概率明显低于消极者[22]。与孤独者相比，有积极社会纽带的个体死于心脏病的比率明显降低。低数量和质量的社会交往可增加死亡风险[22]，缺乏社会联系（孤独）是早亡的危险因子[22]。

孤独有生物学基础。孤独者的催产素（oxytocin）分泌可发生异常变化。催产素由下丘脑释放，调节社会行为[22]。接触和融入家庭、社会是摆脱孤独的良药[19]。

参考文献

[1] AYRES J S. The Biology of Physiological Health[J]. Cell, 2020, 181(2): 250-269.

[2] WHO. Preamble to the Constitution of the World Health Organization as adopted by the International Health Conference[M]. WHO: Geneva, Switzerland, 1946.

[3] HUBER M, KNOTTNERUS J A, GREEN L, et al. How should we define health? [J] BMJ, 2011, 343: d4163.

[4] WITKAMP R F. Nutrition to Optimise Human Health-How to Obtain Physiological Substantiation? [J] Nutrients, 2021, 13(7): 2155.

[5] STRUCHTRUP H. Entropy and the Second Law of Thermodynamics-The Nonequilibrium Perspective[J]. Entropy(Basel), 2020, 22(7): 793.

[6] BABIĆ R, BABIĆ M, Rastović P, et al. Resilience in Health and Illness[J]. Psychiatr Danub, 2020, 32(2): 226-232.

[7] SKIPINA T M, SOLIMAN E Z, UPADHYA B. Association between secondhand smoke exposure and hypertension: nearly as large as smoking[J]. J Hypertens, 2020, 38(10): 1899-1908.

[8] DOLL R, HILL A B. The mortality of doctors in relation to their smoking habits: a preliminary report[J]. BMJ, 1954, 328(7455): 1529-1533.

[9] CROWE S E. Helicobacter pylori infection[J]. N Engl J Med, 2019, 380(12): 1158-1165.

[10] AZIZ Z W, SALEEM S H, AL-NUAIMY H A. Helicobacter pylori in gastric biopsy: a histochemical and immunohistochemical assessment[J]. Ann Coll Med Mosul, 2019, 41(2): 139-147.

[11] DEEKS S G, OVERBAUGH J, PHILLIPS A, et al. HIV infection[J]. Nat Rev Dis Primers, 2015, 1: 15035.

[12] CHEN C J, YOU S L, HSU W L, et al. Epidemiology of Virus Infection and Human Cancer[J]. Recent Results Cancer Res, 2021, 217: 13-45.

[13] VETHAAK A D, LEGLER J. Microplastics and human health[J]. Science, 2021, 371(6530): 672-674.

[14] PETERS A, NAWROT T S, BACCARELLI A A. Hallmarks of environmental insults[J]. Cell, 2021, 184(6): 1455-1468.

[15] UNDERWOOD E. A sense of self[J]. Science, 2021, 372(6547): 1142-1145.

[16] HELFAND S L, DE CABO R. Evidence that overnight fasting could

extend healthy lifespan[J]. Nature, 2021, 598(7880) : 265-266.

[17] DE SOUZA TEIXEIRA A A, LIRA F S, ROSA-NETO J C. Aging with rhythmicity. Is it possible? Physical exercise as a pacemaker[J] . Life Sci, 2020, 261: 118453.

[18] RUSSELL G, LIGHTMAN S. The human stress response[J]. Nat Rev Endocrinol, 2019 , 15(9) : 525-534.

[19] SLAVICH G M. Social Safety Theory: A Biologically Based Evolutionary Perspective on Life Stress, Health, and Behavior[J]. Annu Rev Clin Psychol, 2020, 16: 265-295.

[20] GILBERT P. Compassion: From Its Evolution to a Psychotherapy[J] . Front Psychol, 2020, 11: 586161.

[21] PALAMARCHUK I S, VAILLANCOURT T. Mental Resilience and Coping With Stress: A Comprehensive, Multi-level Model of Cognitive Processing, Decision Making, and Behavior[J]. Front Behav Neurosci, 2021, 15: 719674.

[22] HOLT-LUNSTAD J. Why Social Relationships Are Important for Physical Health: A Systems Approach to Understanding and Modifying Risk and Protection[J]. Annu Rev Psychol, 2018 , 69: 437-458.

（于永利）

思考题

1. 幽门螺杆菌感染的危害主要是什么？如何躲避被感染？
2. 如何理解熵增定律？如何实施健康的个人管控？
3. 如何理解健康的复元？
4. 什么是注意隧道和精神复元？
5. 环境袭拢子对健康要素可能产生的影响有哪些？